U1016766

央视大型人文纪录片同步书系

大运河

中央电视台科教节目制作中心
中央新闻纪录电影制片厂（集团） 编

中国水利水电出版社
www.waterpub.com.cn
·北京·

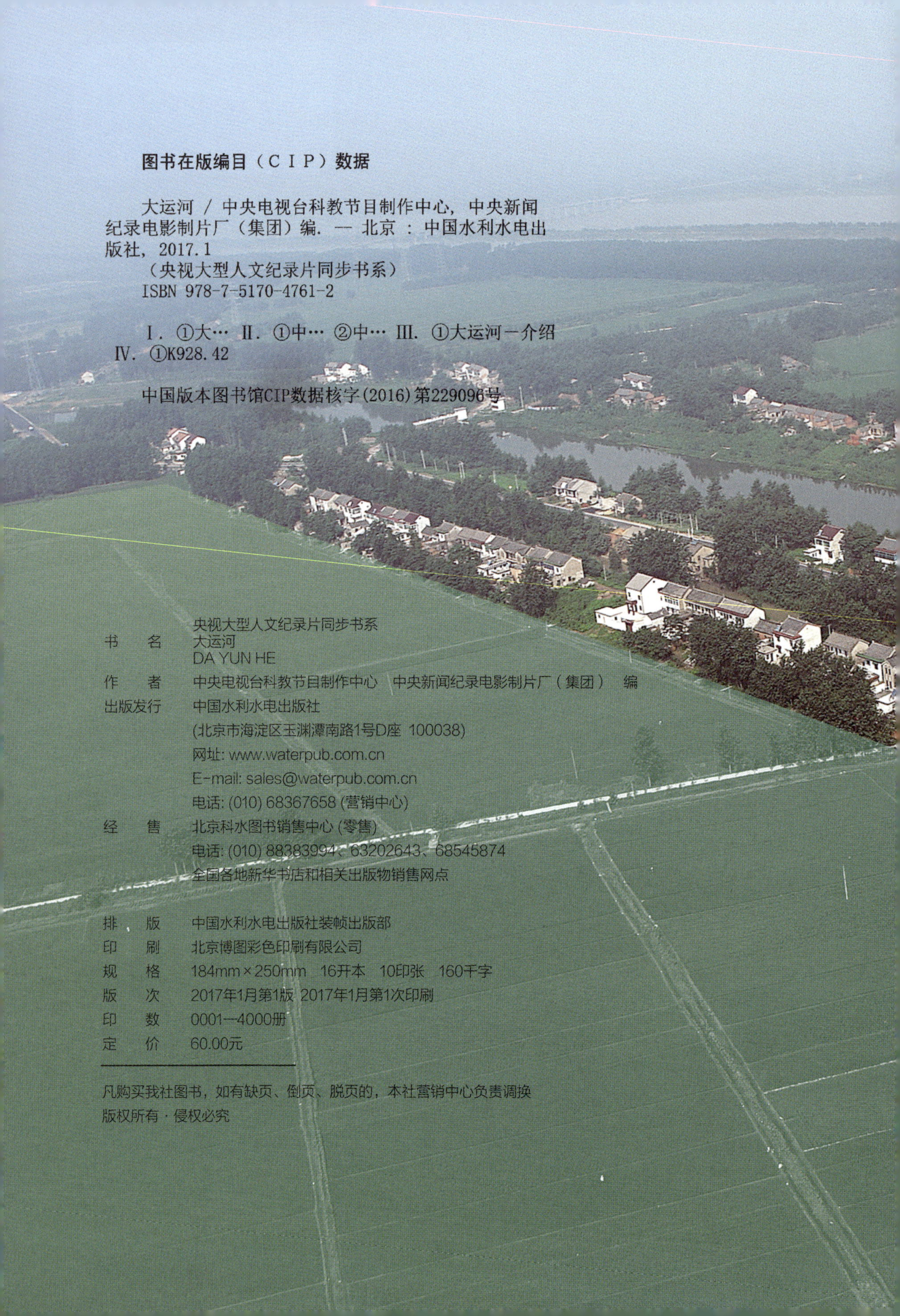

图书在版编目（C I P）数据

大运河 / 中央电视台科教节目制作中心，中央新闻纪录电影制片厂（集团）编. — 北京 ：中国水利水电出版社，2017.1
（央视大型人文纪录片同步书系）
ISBN 978-7-5170-4761-2

Ⅰ. ①大… Ⅱ. ①中… ②中… Ⅲ. ①大运河－介绍
Ⅳ. ①K928.42

中国版本图书馆CIP数据核字(2016)第229096号

	央视大型人文纪录片同步书系
书　名	大运河 DA YUN HE
作　者	中央电视台科教节目制作中心　中央新闻纪录电影制片厂（集团）编
出版发行	中国水利水电出版社 (北京市海淀区玉渊潭南路1号D座 100038) 网址: www.waterpub.com.cn E-mail: sales@waterpub.com.cn 电话: (010) 68367658 (营销中心)
经　售	北京科水图书销售中心 (零售) 电话: (010) 88383994、63202643、68545874 全国各地新华书店和相关出版物销售网点
排　版	中国水利水电出版社装帧出版部
印　刷	北京博图彩色印刷有限公司
规　格	184mm×250mm　16开本　10印张　160千字
版　次	2017年1月第1版　2017年1月第1次印刷
印　数	0001—4000册
定　价	60.00元

《大运河》创作人员

出品人：金　越

总监制：郭本敏　马维民　赵　捷

总策划：杜　越　孙公麟　王建宏　辛　玲

监　制：张　力　高欣月

策　划：马海东　王　平　毛松和　王　挺　方新中

总导演：杨才旺

导　演：武维娟

总制片人：杨才旺

制片人：韩　锋

千年水道

编　导：方新中

摄　影：张　鹏　张又鹏　程　斌　张同旺

华夏粮仓

编　导：姚　瑶

摄　影：张同旺　陈　玮

码头风云

编　导：李维宁

摄　影：李维宁

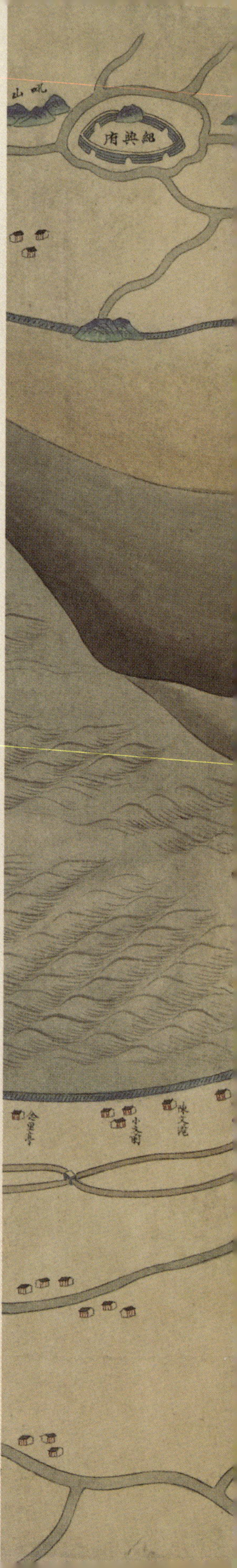

会馆和它们的主人

编　导：李维宁

摄　影：李维宁

南腔北调

编　导：方新中

摄影：张　鹏　张又鹏　程　斌　张同旺

老街深处

编　导：曹　硕

摄　影：刘小闯　沈颖人

流淌的美味

编　导：曹　硕

摄　影：刘小闯　张　鹏

终点·起点

编　导：姚　瑶

摄　影：陈　玮

《大运河》出版人员

选题策划：胡昌支　李　亮

责任编辑：李　亮

文字编辑：李　亮　靳经纬

插图配置：靳经纬　钱　诚

装帧设计：李　菲　钱　诚

用视听艺术呈现运河民俗风情

——代序

中国大运河是世界上开凿时间最早、流程最长的人工运河，包括隋唐大运河、京杭大运河和浙东大运河，全长 2700 公里。她沟通中国南北四大水系，西连陆上丝绸之路，东通海上丝绸之路，是世界海陆交通中最重要的一环。

大运河与长城一样有着悠远的历史，从公元前 486 年吴王夫差开掘邗沟算起，在约 2500 年的历史长河里，大运河在这片中华大地上，经历无数峥嵘岁月，留下众多传奇故事，这一幅幅、一幕幕史诗般的画面，正彰显着中华民族源远流长、生生不息的精神风貌和人文情怀。

为传承中华民族的优秀历史遗产，深入挖掘古今大运河灿烂文化，向世界人民展示中华民族对人类历史的伟大贡献，激励我国人民的民族自豪感，中央新影集团、中央电视台科教节目制作中心、中华人民共和国联合国教科文组织全国委员会等单位联合投拍了大型人文纪录片——《大运河》。作为一个迄今活着的历史文化遗产，它的每一点每一滴都值得我们去记录、去保留、去珍惜、去回味，去品尝历史滚滚洪流中宁静慈祥的大运河给我们带来的隽永。

纪录片《大运河》以真实人物、真实事件为创作源泉，通过展现真实而生动的片段引发观众对现实价值的种种思考。随着“互联网＋”时代来临，新媒体对影视艺术不断渗透，网剧盛行，无疑给《大运河》的拍摄、制作带来了挑战和机遇。在这样的背景下，观众的多元需求对我们这部纪录片创作提出了全新的要求，要求我们必须以过人之处呈现大运河云卷云舒的历史；要求我们以跳跃的手法时时出新为观众提供全新的视觉影像。因此，在《大运河》的创作上，从一开始我们就一改传统的宏大叙事模式，从微小处着手，在知性、感性上做文章。面对富有生命力的运河，创作团队在拍摄前，进行了多次反复的实地考察、调研，倾听当地运河、文物专家和普通百姓的介绍，了解运河的历史、现状，回望过去、畅想未来。邀请了一大批国内运河专家、学者，一同对大运河抽丝剥茧、毫分缕析地探寻其中不为人知的历史细节。创作团队在掌握史料的基础之上，理智冷静地选择表现的内容及方式，尽量做到不高谈阔论、不故作惊人之语、不虚妄、不轻佻、深沉且饱含感情，从小、从微、从不起眼的细节展现它的情和美。

本片围绕“千年水道”“华夏粮仓”“码头风云”“会馆和它们的主人”“南腔北调”“老街深处”“流淌的美味”“终点·起点”这8个篇章展开，除了题材的选择、

乡情的表达、故事的讲述、画面的唯美能给观众带来惊喜之外，在内容上尽量舍弃人所公知的东西，把视角伸向更鲜活的运河两岸深处，挖掘更有意思的内容和细节，让运河人讲述运河自己的故事，真正贴近百姓的生活，描摹出油盐酱醋茶的浓浓生活气息，从而激发和引起观众的情感共鸣。

《大运河》全片格局设定从运河沿岸的人文地理着手，在讲述大运河作为一条漕运之河、经济商贸之河重要性的同时，还把它看成一条文化之河，一条上可追寻、下能传承千万年历史文化的生命之源。本片从小处入手、从高处展现大运河从她诞生以来，给沿岸人民的生活带来的改变，给沿岸城市带来的兴衰与发展；在历史朝代的更替中，又是如何起到增进中华民族凝聚力、促进不同地区文化融合的巨大作用；也用鲜活的声画语言表现大运河风韵情致，用浓浓的运河民俗风情向世界传播中国的传统文化。

在《大运河》的创作中，我们始终希望可以坚守一种平易、亲和、温情为创作风格，以中华民族所特有的大运河风情、故事与文化历史为描述对象，去传递和表现这条中华民族的智慧、汗水、文化深情之河的魅力，也谨以此作为大运河申遗成功之后，我们向世界奉献的一部倾心的大运河颂歌。

杨才旺

《大运河》总制片人、总导演

2016 年 8 月

大运河，让我在你怀里说说心语

——代前言

船已起航，载的是满满的中华民族的风情文化，咯吱咯吱，悠悠地摇，悠悠地走，摇出港湾，走向远方……

屈指算来，《大运河》从筹备到今天在央视首播和书籍出版，一路跋涉已有近千个日日夜夜了。作为参与《大运河》创作的一员，在这些周而复始的日日夜夜里，我有太多的心语想对这条自东周时代出发的母亲河诉说。

一、船

作为中华民族最有代表性的世界文化遗产，大运河从她诞生到延脉今天的历史里，喜乐苦涩，留下过太多太多已经淹没在久远岁月里的故事。今天，当我们有机会去追忆、去挖掘大运河往昔的岁月和记载今天的存在，我们该选择怎样的角度？这是我们主创团队苦苦思索的问题。中国作为四大文明古国，文化历史的源远流长是被世界所公认的。作为中华文明最灿烂的内容之一，大运河在世界运河史上，无论长度，还是开掘历史以及衍生的故事，对国家甚至世界带来深远的影响等等，都无疑是人间最为珍贵的瑰宝。因而，对大运河，我们无论以怎样宏大的语境来叙事都不为过。

然而，当站在今天扁平的世界上，我们又在想，世上每一个民族都有灿烂悠久的文化历史，都有文明史瑰丽园里美丽的花朵，都值得今天的我们欣赏。中华民族胸怀是博大的，是包容的，是内心充满着善意的，是懂得欣赏的，在21世纪这个互联网分享时代，我们以怎样的角度，怎样的语境让世界人民一样带着美好来欣赏我们中华民族的优秀历史文化？在思索中，我们心头亮起了小小的灯火：摇起我们淳朴的木橹出航，载一船中华民族的风情文化去让世界沉醉。

带着这样的定位，我们越想越兴奋，越说越激动，于是怀着内心的美好，小船起航。

二、海

2014 年 6 月 22 日，这一天已被历史尘封，但在我的脑海里却鲜活如初。

在《大运河》从立项到拍摄创作的进程里，我们把这个日子珍藏在心底，时常惦记，心旌荡漾——这一天是世界遗产大会大运河申遗揭晓日。

首先要说的是，拍摄《大运河》，我们并不只是为了这一天而为之。我们缅怀的是祖先创下的基业，我们珍爱的是中华民族在极其艰难的环境里流下的汗水、涌出的智慧，流行于今天的风习以及至今还在生生不息发挥着她造福民众的作用让我们心生的感动，这是我们作为一个影视人，作为中华民族一员的责任和使命使然。

在这样的使命下，我们深怀敬爱之心，在这样的历史机遇里，我们顺着悠悠流淌的运河脉络线索去挖掘中华民族文化的宝藏，把祖先创下的业绩尽可能美地呈现出来。与此同时，我们总想捧着这样的瑰宝去和世界对话言语，而申遗是我们的大运河让世界不同民族朋友广泛认知的最重要的渠道，因而，我们的确很看重联合国教科文组织世界遗产大会大运河申遗揭晓日这一天。

这一天我期盼已久，从 2013 年下半年《大运河》的立项开始，到甲午年这个夏天申遗揭晓日，在最终的结果公布的那一刻前一直令我们牵肠挂肚。虽然，理智告诉我，成功申遗应该是意料中的事，唯一不踏实的是，大运河申遗不同于我国以往单一的古建筑、古遗址等凝固遗产的局地申遗，大运河申遗是我国 8 省 35 城市大规模、大集结活态遗产联合申遗行动。这类项目的申遗，我国尚属首次，变数很大。世界遗产大会审议规则既强调遗产的历史地位，影响力，但也强调所在地政府对遗产保护的努力和遗产的完好性等等，考验的是各地对大运河遗产保护的重视度、执行力。这样的申遗就像一台精密的仪器，只要有一个部件出现问题，审议就很有可能过不了关。

一天，一小时，一分，一秒，大家都在为大运河申遗结果揭晓日的到来作倒计时；每天，每小时，每分，每秒，我们都在热切地盼望结果。我们合十，期盼这一天不会让我们失望。

第 38 届世界遗产大会于 2014 年 6 月 15 日在卡塔尔首都多哈召开。6 月 21 日，本该是中国大运河项目进入讨论程序并将揭晓审议结果。在多哈前方，我们国家的申遗专家组团在奋勇拼搏，为大运河申遗作陈述说明。在祖国后方，我们拍摄团队在运河边、在岗位上一点一滴地采撷着大运河历史的水滴和今天的风情。我们翘首西望海的那一边，不时地收集、分析来自四面八方的信息源——电视、网络、微信……可是，21 日最后得到的消息是：因为一些国家插队，大运河申遗项目的审理被无奈延后。

我们度过了难挨的一天，日历翻到了 6 月 22 日，记得那天有些闷热，北京时间下午 15:19，多哈前方朋友的一条即时信息闪现在我的手机里，喜讯传来：中国大运河在经历了 8 年的申遗准备之后，终于被联合国教科文组织列入《世界遗产名录》。

八年申遗，一朝梦圆！

这两天于我们来说，颇有些度日如年之感。北京与多哈相隔五个时区，6 月 20 日之后，我们每天都在与卡塔尔申遗前线的朋友网上互动，常常在不知不觉中关注到次日凌晨，当多哈的朋友告诉说要等明天了，我才肯上床休息。

22 日公布申遗结果的那一刻让人喜极而泣。

三、近土

在万水千山的大自然怀抱中，在滔滔前行的历史长河里，我们的先辈用自己的肉臂巨身造就了在人类历史上令人惊叹不已的两大奇迹：长城！运河！

人们都说绵延万里的长城是中华民族挺立的脊梁，贯穿中国南北的大运河是中华民族贲张的血脉，这话说得生动。

公元前 486 年吴王夫差掘邗沟通水道，运河肇始。在此前，西周开始各诸侯御敌固防以筑城墙，在“书同文，车同轨”、天下一统的大秦帝国建立后，秦皇启连建长城万里以挡匈奴之浩大工程，刀光剑影千八百余年，延绵于明后，长城的原始功能戛然而止。而大运河历经 2500 年却依旧静静地呈现着她一如既往的母性仪态，为她的子民带来多少的温暖和呵护。中国之所以成为一个多民族融合的国家，大运河带来南北万象交融的作用无可替代。

文化的力量是巨大的，大自然的起伏是感人的。拍摄这部大型纪录片，我们人文自然并重，目的是为了让世界看到大运河流域美丽中国的人文地理，看到中华民族热情、温厚的脸庞。

翻开大运河影视拍摄历史，我们仰望以往老师为我们构筑的纪录片文化高点，看老师们在当年为我们留下精彩的声画，仰之弥高，让我们与岁月一同感怀。

1986 年，中央电视台拍摄了大型纪录片《话说运河》，引起社会极大的反响。陈铎、虹云老师的生动解说至今仍萦绕于耳，我常被当时的情景感动。2014 年初《大运河》筹备之际，我见到了当年为大运河拍摄倾注巨大心血的虹云老师，向她请教。老师依旧声如洪钟，谈起当年拍摄《话说运河》时心情激动，一个个细节蹦出她已沉静的思绪，让我在开机前浓浓地感受到她对大运河的那份挚爱。

近 30 年的岁月已春秋隋唐般远去，老师当年参与拍摄的运河成了我美好的记忆。大运河是活着的大运河，她时时在创造新的故事。30 年又是一轮积淀，今天的运河，又生发了哪些新的样貌、新的故事、新的内涵需要我们去记录、去求证、去挖掘？于是，我们循着大运河文化形态的脉络，从千年水道、华夏粮仓、码头风云、会馆和它的主人、南腔北调、老街深处、流淌的美味、终点起点等不同角度一集集去描画大运河风情。在苏北，我们从柳琴戏拉魂腔里感受着这片土地交织的情爱；站在气宇轩昂的杭州拱宸桥看桥下机船突突而过，我想象着当年皇帝如何在此处或鸣锣开道、回避肃静或轻脚轻声登岸？伫立在建自南宋嘉泰年间的绍兴八字桥上，看风化了硬石的桥栏见证的风霜，我感到岁月的苍老；濉溪柳孜码头凝固了锈迹斑斑的历史陈迹心生的感叹；一厫厫粮仓遗址映证的是朝起朝落历朝的余晖；我震撼于内地泗阳浓浓的妈祖信仰——妈祖的慈悲让我跟着当地民众心生无限敬仰；在北京积水潭边想象着元代大都夜晚灯影桨声的交错；绍兴中国黄酒博物馆寂静无声的地窖，那丛丛青苔，一坛坛兵俑般壮硕的酒坛让我遥想运河幼年，古越国军队投醪劳师出征的战地浪漫；在沧州品诗经音韵带给我心中先秦的甜美；长江边西津渡“清风吹空月舒波”那份雅意，让我在问当年东瀛僧人是否独爱“津”字的唯美而袖回其国、在河边施放？在淮安“南船北马舍舟登陆”那美轮美奂的碑前想明清漕运城市的繁华和南北地貌的潜变……

历史推杯换盏，熙熙攘攘的喧闹过淡，擦桌抹凳，人声脚步远去，绞干当年的汁液之后，能够留下来的那就是动人心魄的文化了。今天，我们阅读大运河，拍摄大运河，想还原她的汁液，去品味她的隽永，在这样的脉络里感动于大运河生生不息的音符。这样多阶的音符哪一个不让人浮想联翩？哪一个不让人在 2500 个冬夏交替的光晕里心潮澎湃？！

长城、运河这诗化了的一刚一柔，以阴阳之中国哲学秘境包含了多少世间韵味啊。这样的前奏，这样的思考，让我们为当今时代视野下的这部人文地理纪录片的创作有了近土的地气，我们要通过故事和细节，用鲜活的语言，娓娓讲述大运河自诞生以来的史料、故事，并以今天活生生视觉去叙说大运河方方面面的魅力。

四、流

流到今天，大运河已是今天世界的遗产，世界组织的一锤定音，历史已经定格。我们需要怎么面对我们这份祖先留给我们的遗产，我们该怎样好好地去呵护？

作为流动着的、鲜活的、呼吸着，然而还是脆弱的遗产——大运河需要我们倍加珍惜。今天大运河的现状和风情，今天我们的行为或正面、或负面注定要成为明天的历史载入史册。作为《大运河》创作团队，我们能有机会参与本片的拍摄、本书的撰写，在大运河或喜或悲流淌了 2500 年后，能有机会触摸前辈留下的丰厚的物质存在和精神财富，能有机会在大运河史上为她描一幅丹青，添一笔油彩而深感荣幸。我们还在想，大运河的价值和风貌传承这么多年，不能让她在我们这一代人手中断流，大运河要世世代代活下去，要干干净净有尊严地活下去，让她活得更好，每一个华夏儿女都有责任！

在履行漫长而神圣使命的历程中，大运河南行北张，西疏东伸，脉络丰枝不断演化，已成偌大的文化符号，镶嵌在华夏历史与传统文明的骨髓中，流动在东方文明的血脉里！大运河的申遗成功已是新起点，我们当接过前人的火把顺着她的朴实前行，让这份活着的世界文化遗产永远传承下去，一代又一代。

今生今世，我们深切地感知到先人的智慧与血汗造就的大运河带给我们后代以丰沛的恩泽——依旧吃力地舔犊般爱着她的子孙——有人统计过，仅就运力而言，一条运河承载的运力，其所消耗的能源只是公路的七分之一！如果能更多地发挥水运优势，那么它对节能减排、保护环境将产生不可估量的巨大作用。

今天，水、空气、土壤等环境问题越来越让人关切。世界从先秦的农耕社会，到近代工业革命的兴起，直到今天突飞猛进的信息化社会，人类在推动社会前进的进程中，也给我们自己赖以生存的地球留下了沉重的负荷。回头看看，在前行的途中，我们是否惜缘惜福？

此时此刻，我没法去想得更多，只想轻轻摇着船，载一船中华民族的风情文化，去让世界沉醉。同时，我看看干涸的北方运河，看看不少地方不干净的运河水质，看看不少已堆着垃圾的运河，我又有些难过。

只想作为大运河的子孙，我们多点珍惜，让母亲河能像当年那样露出她欣慰的笑容。我只要母亲河如此的笑容。

韩 锋

2016 年 8 月

目 录

用视听艺术呈现运河民俗风情——代序

大运河，让我在你怀里说说心语——代前言

第一章　千年水道　001

第二章　华夏粮仓　021

第三章　码头风云　036

第四章　会馆和它们的主人　056

第五章　南腔北调　072

第六章　老街深处　091

第七章　流淌的美味　106

第八章　终点·起点　121

第一章　千年水道

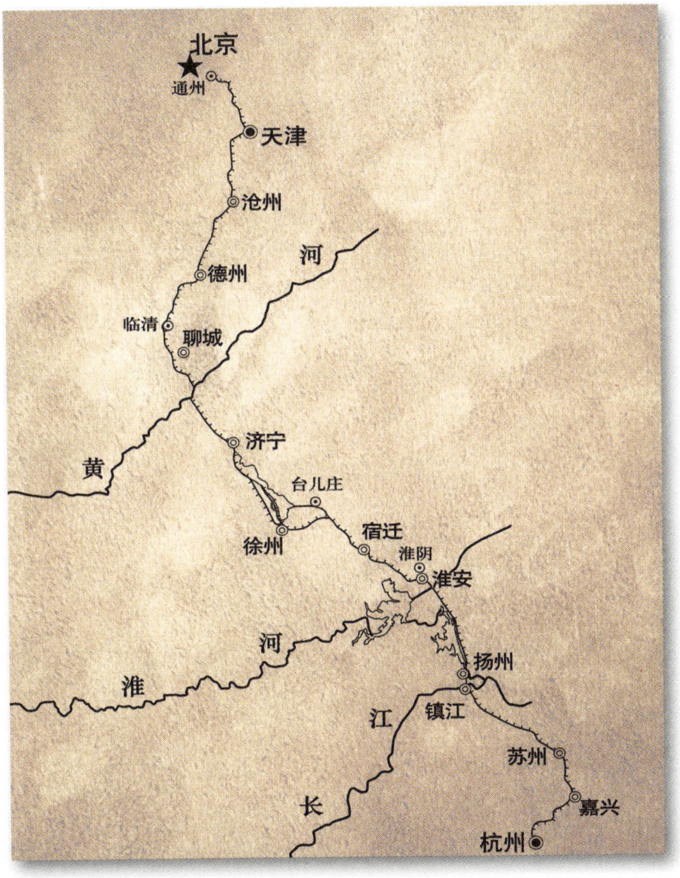

大运河运行水道示意图

这是一条世界上开凿时间最早、流程最长的人工运河，包括隋唐大运河、京杭大运河和浙东大运河三部分，从洛阳到扬州、洛阳到北京；从扬州到杭州再到绍兴、宁波，全长 2700 公里，距今已有 2400 多年的历史。它沟通中国南北五大水系，西连陆上丝绸之路，东连海上丝绸之路，是世界海陆交通中最重要的一环。

中国大运河是世界工程史上最伟大的作品之一，它不仅是中国的运河，更是人类共同的世界遗产。

浙东大运河

在河南嵩山的山脚下，有座汉代建造的石阙，上面的汉画石记载了大禹治水的故事；在浙江的绍兴，建有大禹王陵。传说，大禹治水从中原来到这里疏通水道、兴修水利，最终累死在工地上。

大禹治水

远古的神话传说，反映了先人利用自然、改造自然、建设家园的精神风貌。

中国古代很早就有利用自然水源、修筑人工运河、灌溉农田和进行运输的历史。在河湖密布的江南地区，两条古老的运河被相继开凿。

吴王夫差像

春秋末期以前，东西走向的淮河流域与长江流域的水上交通是相互隔绝的。东南地区和中原地区没有自然的水道直接相通。南方的船要北上，路线是如何走的呢？

这时候，只能由长江入黄海，再沿着淮河而上，才能到达淮阴故城；向北可由泗水而达齐鲁。这样走，既绕了路，又要冒海上航行的风险。

一个叫夫差的有实力而且好斗的吴王出现了。

春秋末期，吴王夫差为了跨越长江、淮河北上攻打齐国，称霸天下，利用天然湖泊，从今天扬州市西长江边向东北开凿航道，修至淮安旧城与淮河连接。这条沟通了长江、淮河两大河流的航道，全长 170 公里，史称邗沟，成为中国大运河最早修建的一段，也是最古老的运河。而后，吴王夫差的军队沿河北上，将北方的齐楚等国打败，满足了局部称霸的野心。

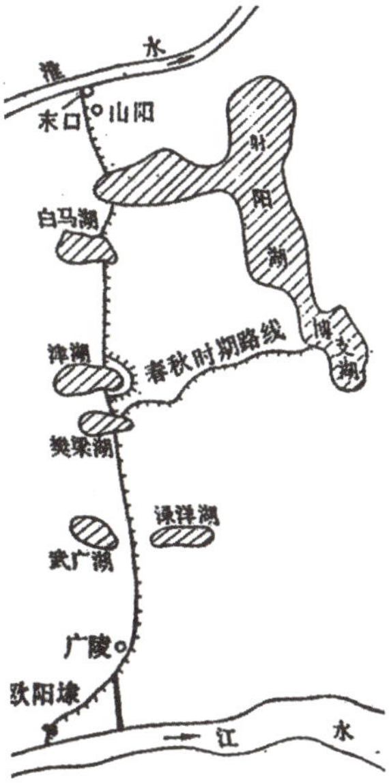

古邗沟水道示意图

淮安的末口，是古代邗沟的最北端。

扬州的天宁寺附近，就有邗沟的入江口，也就是邗沟的最南端。后来因为长江的关系，入江口也多次变迁。

与吴国一直争霸的越国，也出了一位能够忍辱负重的越王勾践，他为了强国富民，开凿了以山阴故水道为主的运河，沟通了东西及对外航运，阻隔潮汐危害，解除水患，促进了沼泽平原开发，并为后世的鉴湖工程打下基础。这条主要以民生为目的运河是中国大运河的南起始段，也为后来的绍兴到宁波的浙东运河打下了基础。

邗沟现貌

吴王夫差修建邗沟主要是为了军事目的，连续的征伐使得吴国丧失了元气，最终吴国被越国打败，吴王夫差被越王勾践逼得自杀身亡。

吴王夫差自杀身亡，还有一个原因：吴王夫差却听信谗言，杀死了主持建造苏州

越王勾践像

古城和开挖直通太湖的运河——胥江的名将伍子胥，丧失了人心，夫差自杀，含有羞愧的成分。

但是，历史上这两位争斗一生、评价相反的历史人物所修建的运河，却拉开了后世中国大运河贯通的历史性起点；奠定了扬州、苏州、绍兴成为运河明珠的基础。

江南水乡，河湖众多，水路是主要的运输方式，早期的运河开挖从这里开始也有着天然的地理条件。其次吴越经济发达，水工技术也很先进，再加上吴王夫差和越王勾践都有发展壮大的迫切愿望，运河的开凿就成为必然。

浙东运河两岸

隋唐大运河

随着中国政治大一统局面的逐渐形成，南北政治、经济和文化的日益发展，修凿的局部运河，已经不能满足社会需要，尤其江南地区在全国经济生活中越来越占重要地位，沟通南北水道已经成为社会经济交流的迫切需要了。

公元581年，一位西方史学家眼中最伟大的中国皇帝之一登上了帝王的宝座，他就是隋文帝杨坚。

这一年，杨坚建立隋朝，定都长安，结束了自西晋末年到隋统一前近300年的分裂割据状态，实现了自秦汉以来中国的又一次统一。

隋文帝杨坚像

得西北者得天下，得东南者稳天下。西北以及中原一带接连不断的王权争夺使得经济发展落后于东南地区。如何把把富庶的东南和中原王朝紧紧连接在一起，杨坚陷入深深的思考。

隋文帝于公元584年命大臣宇文恺从大兴城，也就是现在的西安古城西北引渭水，至潼关入黄河，长150多公里，名广通渠。这是修建隋唐大运河的开始，公元587年，他为兴兵伐陈，统一中国，从今淮安至扬州，开凿山阳渎。并计划修建通济渠和永济渠，连接黄河流域和长江流域，使两个流域连成一体。

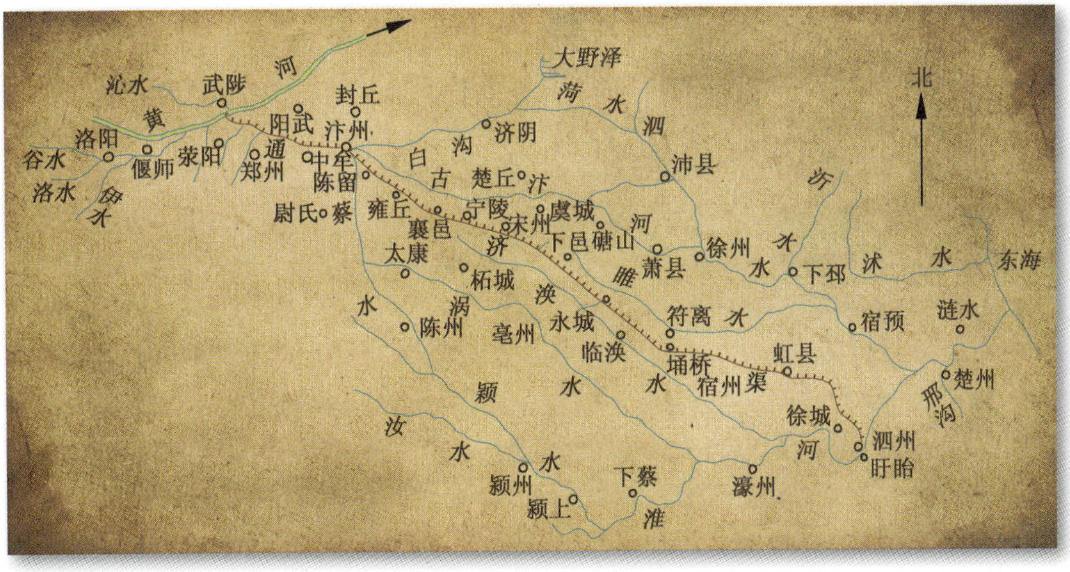

古通济渠水道示意图

曾感叹“一朝花落，白发难除。明年后岁，谁有谁无”的隋文帝没能修好他心目中的大运河，便于公元 604 年去世，他的二儿子、曾任扬州总管的杨广登上了帝位。

野望

寒鸦飞数点，流水绕孤村。斜阳欲落处，一望黯消魂。

饮马长城窟

撞金止行阵，鸣鼓兴士卒。千乘万骑动，饮马长城窟。

一首伤感忧郁，一首气壮山河，两首心境不同的诗歌却为一人所作。他就是历史上争议颇多的隋炀帝杨广。

公元 604 年，35 岁的杨广登上帝位不久就离开京都长安，到洛阳考察。第二年力排众议，下令着手建设两项重大工程：一是修建洛阳城、将首都由长安迁往洛阳；二是征调百万民工，由杰出工程专家宇文恺主持开凿大运河，也就是构成隋唐大运河主体的通济渠和永济渠以及江南运河。

隋炀帝游幸图（日本《国民东洋史大纲》）

杨广修造大运河的目的是为了加强中央集权，扩大统治的社会基础，从而巩固国家统一，同时也为了更好地控制江南地区，使长江三角洲地区丰富的物资为中央朝廷所用。

宇文恺，中国隋代城市规划和建筑工程专家，官至工部尚书。他曾经主持建造隋朝新都大兴城，也就是唐代皇城长安和东都洛阳城，为以后各代都城建设树立了样板。大兴城规模宏大，堪称当时世界第一城。

据史书记载，河南荥阳的鸿沟是当年刘邦、项羽一时争斗不已、相互对峙的地方，

鸟瞰洛阳

传说通济渠从这里引黄河水进入汴水。

宇文恺像

公元605年，宇文恺率领隋炀帝征发的百万民工，开始修造通济渠。通济渠又称汴河，贯通西安、洛阳和扬州，是隋唐大运河的首期工程，连接了黄河、淮河与长江，全长650公里，宇文恺只用了6个月便修成了。历经隋、唐、五代、宋、辽、西夏、金、元8个朝代，通航了720年。

《清明上河图》局部

通济渠连接了中原地区几座重要的城市：洛阳、郑州、开封、商丘等地，从江南沿着运河而来的物资源源不断地滋养着这些都市。著名的清明上河图，描绘的就是宋代运河两岸的情景。

通济渠现貌

南宋时期，随着政治中心南移，通济渠的漕运地位逐步减弱，运河河床逐渐淤塞断流。即便如此，洛河以及部分河段的运输功能仍保持了几百年，给这一带的百姓带来生活的便利和促进城市的繁荣。直到20世纪50年代初期，洛河上依旧是桅樯如林，伊河上仍然是舟楫如梭。

公元608年，隋炀帝又征发河北民工百万开凿永济渠。利用原有的部分河道，以及沁河、淇水、卫河水源，引水通航至天津，接着又开凿永定河直通涿郡也就是修到了现在的北京通州。永济渠，连接洛阳和北京，是沟通黄河与海河流域的航运水道。

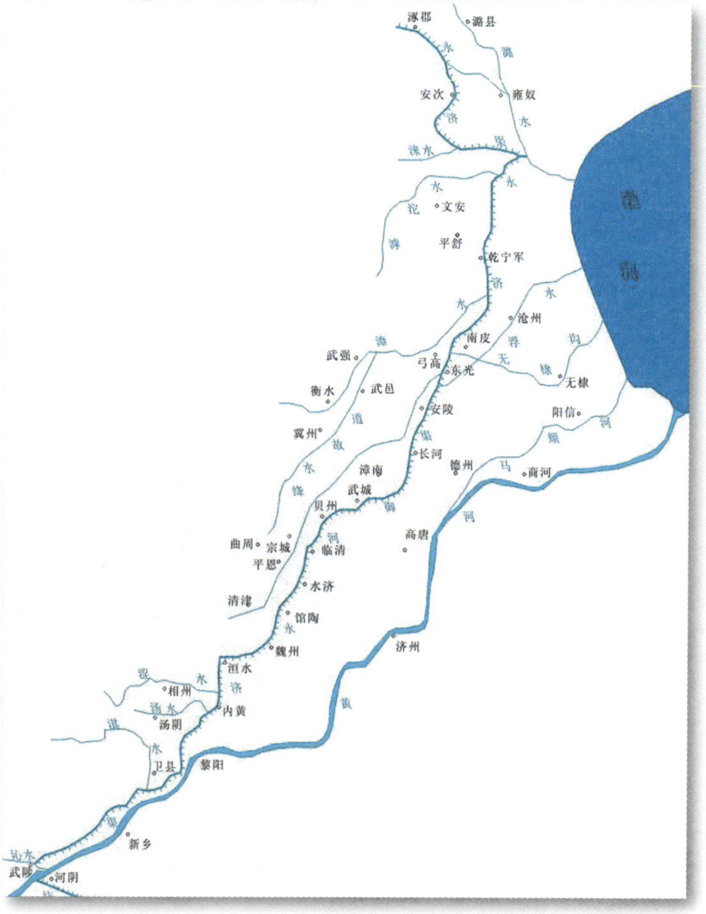

古永济渠水道示意图

公元610年，隋炀帝继续重修江南运河，开通了镇江至杭州段，长400公里。这样，从公元604年至608年，仅仅只用了4年时间，隋

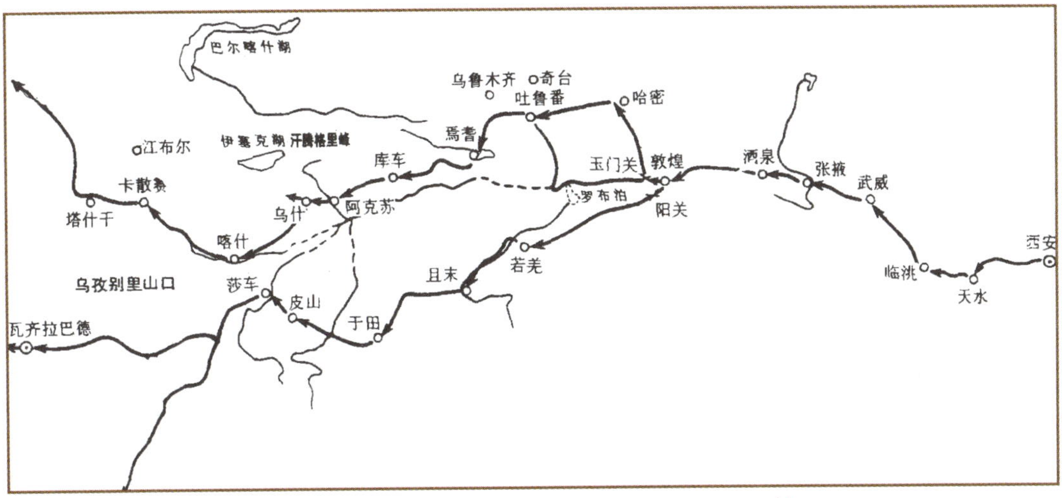

古代陆上丝绸之路路线图

炀帝先后征调540多万民工，充分利用了过去开挖的运河和天然河流，终于凿成和疏通了以都城洛阳为中心，北抵河北涿郡、南达浙江余杭的全长2700公里的隋代大运河，纵贯在中国最富饶的东南沿海和华北大平原上，沟通了海河、黄河、淮河、长江、钱塘江五大水系， 并把京师、东都、余杭等诸多大城市串联了起来。

隋代大运河的源头洛阳，也是陆上丝绸之路的起点，它促进了中原地区与西域的贸易，更与大运河连接起来，辐射到北方和江南地区。隋炀帝曾经对西域商人许以厚利，吸引他们前来洛阳和内地经商，丝绸之路的贸易也日益繁荣起来、并延伸到内地。

扬州是运河上的名城，隋炀帝时，扬州成为南北交通枢纽、海外贸易的重要港口，藉漕运之利，富甲江南，为中国最繁荣的地区之一。

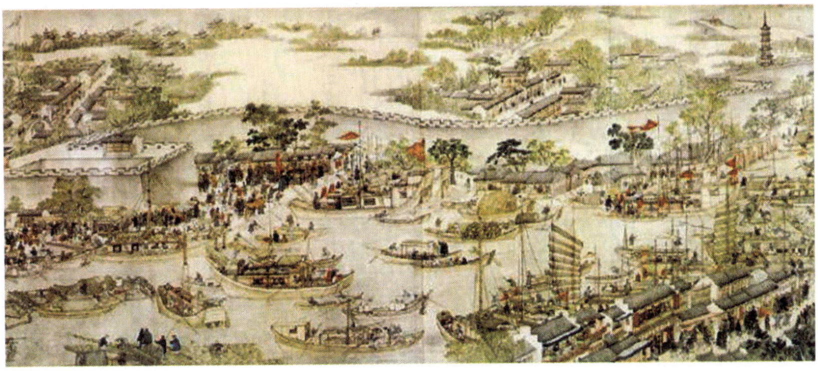

古画中所描绘的古扬州商贸盛况

隋代大运河的开通，将后来延续的中原王朝把目光更多地关注到了东南沿海地区，为海上丝绸之路的发展打开更为广阔的空间。

自此之后，中外政治、贸易、文化交往也以大运河为核心向四方延伸。它对隋唐时期南北经济、文化交流，维护全国统一和中央集权制的加强，产生了久远而积极的影响。它为以后历代所用，成为南北交通大动脉，促进了经济文化的交流，对巩固统一和社会经济的发展都发挥了重要作用。

隋朝后来的各个朝代，从维护统治出发，都继续使用和不断维修了隋代大运河。

京杭大运河

元世祖忽必烈像

被反叛部下逼迫自杀的隋炀帝驾崩600多年后，一个叫忽必烈的蒙古族人统一了中国，结束了自安史之乱以来520多年的分裂局面。

13世纪，元世祖忽必烈定都在大都，也就是现在的北京，全国政治、经济中心从中原转移到北京。元朝疆域空前辽阔，远超汉唐盛世。元代对水利建设十分重视，中央设都水监，地方置河渠司。虽然元朝依然使用隋运河，可是隋运河就纵贯南北来说，并不很直，而洛阳偏西，实际上是拐了个大弯。这条航线对于急需南方粮草物资巩固政权的忽必烈看来，既费时费工，运价也高。他决定开出一条直通南北的河道来。

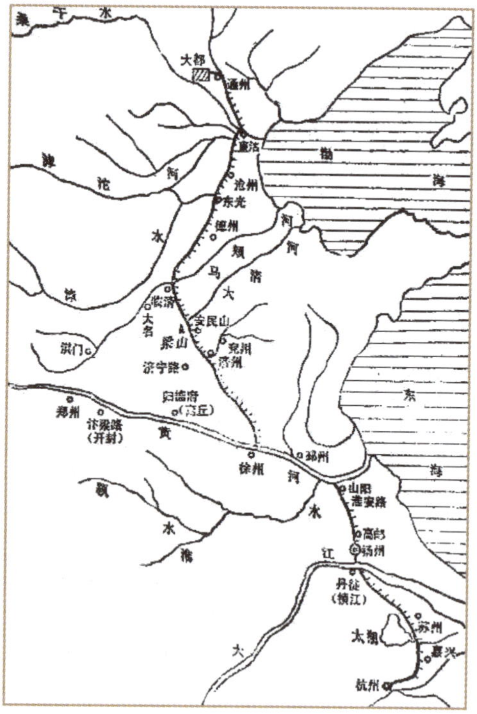

古会通河水道示意图

公元1289年，元世祖忽必烈下令开

积水潭曾经商船聚泊

凿会通河。这条河北始临清，南到东平路的安山。又从北京到通县间开了一条通惠河，与原有的旧河道沟通。这样一来，由杭州到北京，就可以不绕道洛阳，而直接到达。

这条漕运河道由郭守敬主持修建。公元 1292 年开工，历时一年完工，元世祖将此河命名为“通惠河”。通惠河开挖后，行船漕运可以到达积水潭、什刹海、后海一带，成为大运河的终点。

那时的积水潭一带，商船聚泊，热闹繁华。在元朝中后期，最高每年有二三百万石粮食从南方经通惠河运到大都。这条河道在明朝和清朝不断得到维护，一直沿用到 20 世纪初。1956 年，北京城内的部分河段全部改为暗沟。

现在的通惠河，一般指从东便门大通桥至通县入北运河这段河道，全长 20 公里。现在，通惠河部分河段水位仍然很高，成为北京打造的运河历史文化景观地带。

通惠河今景

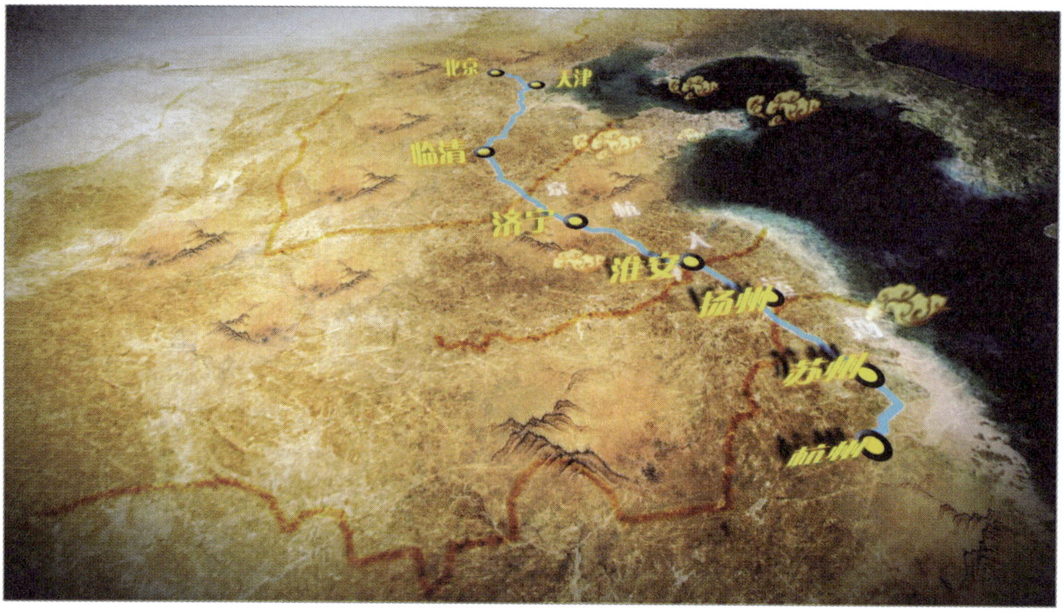

大运河流经的主要城市

元朝开凿的河道，称之为京杭大运河。这条运河较隋朝大运河大幅度东移，虽然连通北京和杭州，却只有 1794 公里，比原来大运河缩短近 900 公里。这就是我们现在所看到的大运河。比苏伊士运河长 10 倍，比巴拿马运河长 20 倍，是世界上最长的一条人工开凿的运河。

由于隋代运河被近乎直线的京杭大运河南北贯通，加上洛阳逐渐远离政治中心，隋朝开掘的部分通济渠、永济渠由于年久淤塞，未加清理，大部分河道逐渐废弃了。

南宋定都临安，宋金对立使得京杭大运河北部与江南联系中断，因而浙东运河和江南运河一起成为南宋的生命线。由于杭州湾潮水来势凶猛，因而古代浙东船只多取道浙东运河前往杭州。加之南宋重视对外贸易，而庆元府（宁波）是当时重要的对外贸易港口，浙东运河曾经成为宋王朝对外贸易的重要通道。瓷器等出口产品通过浙东运河运往宁波，再通过海上丝绸之路运往海外。日本、越南、高丽等地的产品也通过浙东运河运往京城。外国使节也往往从宁波登岸，再经由浙东运河前往临安。明代，宁波成为接待日本贡船的唯一港口，贡品通过浙东运河前往京师。 元代实施漕粮海河联运，宁波设立漕粮海运管理机构，浙东运河运输的漕粮经由宁波港转为海运北上天津。

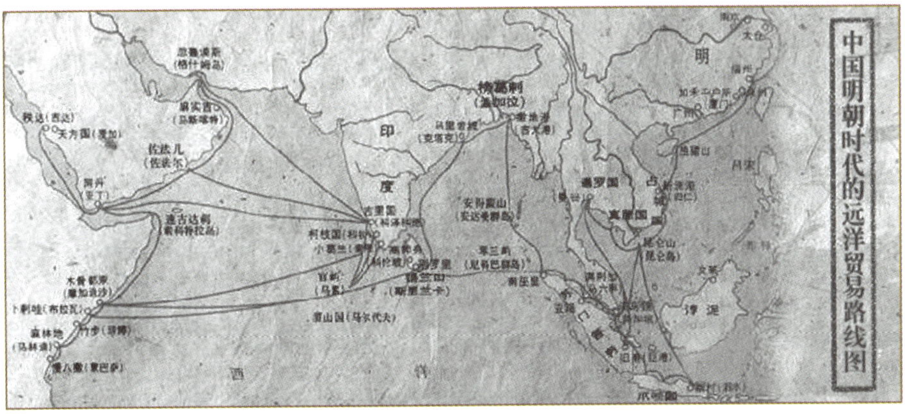

明代海上丝绸之路（引自2016中国海洋经济博览会网站）

历史上的中原王朝并不是一直锁国的王朝，也曾重视出海口、面向大海寻找出路。

扩展阅读

浙江绍兴古代运河的纤夫道位于绍兴柯桥，它自东而西穿越绍兴全境，是古人行舟背纤的通道，又是来往船只躲避风浪的屏障，是运河上的一大奇观。古纤道是中国文物建筑中的孤例。1000多年来，无数肩背纤绳的劳动人民在这条纤道上步履艰难地拉着船只行进，也拉出了古城绍兴持续的繁华。

纤夫道

纤夫道是古代浙东运河上的重要一段。

浙东运河是浙江省境内的一条运河，西起杭州市，跨曹娥江，经过绍兴市，东至宁波市甬江入海口，全长239公里。运河最初开凿的部分为位于绍兴市境内的山阴故水道，始建于春秋时期。西晋时，形成西起钱塘江、东到东海的完整运河。

大运河中的智慧

中国大运河反映了中国人民高超的水利技术和聪明智慧。

公元前486年秋，邗沟建成。据《水经注·淮水注》的记载，它从邗城西南引长江水，绕过城东，折向北流，从陆阳、武广两湖间穿过，北注樊梁湖，又折向东北，穿过博芝、射阳两湖，再折向西北，到末口入淮河。邗沟渠线所以比较曲折，主要原因是要利用湖泊，以便减少工程量。这条运河全长约150公里，它开通后大大便利了南北航运，为后来江淮运河的发展奠立了初步基础。

苏北灌溉总渠，于1953年竣工。渠道呈东西走向，直通大海，与南北走向的京杭大运河呈十字形交汇。在这座大型水立交桥上，正在通过大型船舶的是京杭大运河，而在桥下，就是通往东海的苏北灌溉总渠。与2000多年前的先人相比，解决问题的方法因为科技的进步而又多了一些。

今天的苏北灌溉总渠

大运河从山东临清开始，一直到鲁苏交界处的台儿庄被称为会通河。途经济宁的一段运河地势最高，济宁城北的南旺是运河的“屋脊”，水源不足，逢旱河道就干，再加上济宁段与黄河交汇处，常常泥沙淤积。这样的地理条件下急需一个既能“过渡”又能引水的水利工程，著名的南旺闸工程应运而生。而这项工程的点子来自一位老农白英。

南旺闸今景

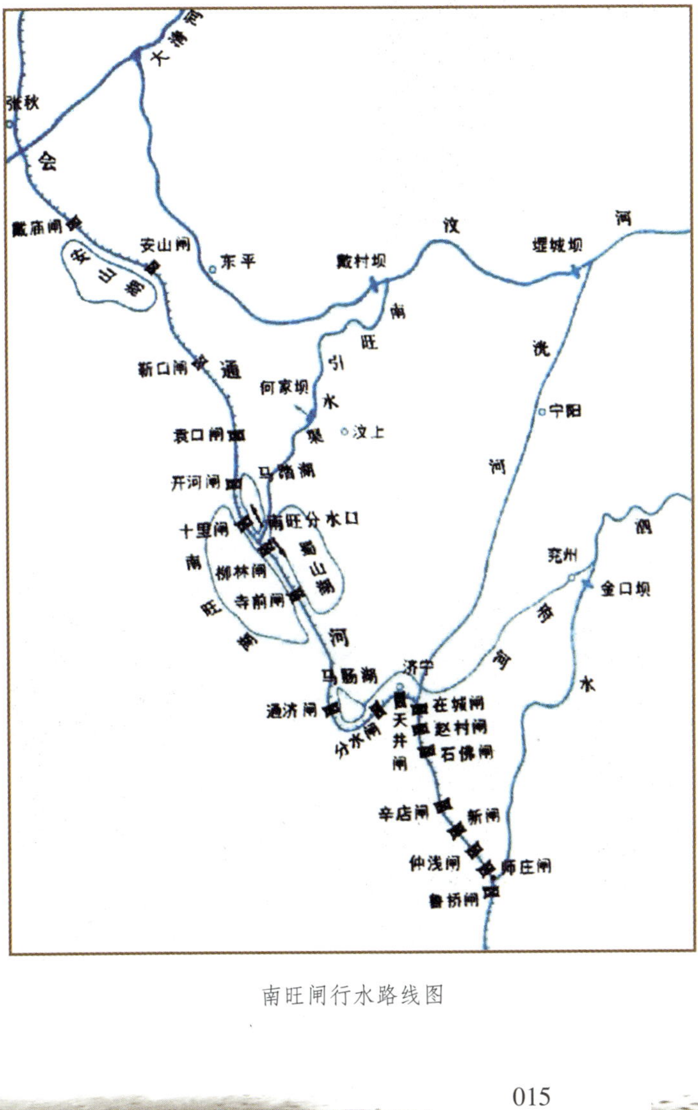

南旺闸行水路线图

老农白英的点子是怎样想出的呢？

济宁北的汶上东北高西南低，把汶水河接入南旺脊顶，再在南旺南北设闸分水下来。这就是在水利史上赫赫有名的“借水行舟”计划。南旺分水枢纽工程的精巧设计可与都江堰媲美，堪称世界一流。

运河古镇

在南北走向的京杭大运河上，有一段特殊的河道，从山东的微山湖南下到苏北的骆马湖，近乎东西走向的一条直线，这是一片和江南类似的水乡地带，因为河道宽阔，水深好行船，运输非常繁忙，与历史上把粮食、茶叶、丝绸运往北方不同，现在主要是北方的砂石煤炭源源不断地运往南方。

因为这一地区河湖较多的特殊地理环境，运河沿线村庄农田密布，又因为运输的

驼马湖上繁忙的行船景象

窑湾镇曾经商贸繁荣

流经窑湾镇的运河为此地带来繁华

便利，孕育了不少千年古镇。

窑湾镇位于京杭大运河与骆马湖交汇处，三面环水，是一座具有一千多年历史的水乡古镇，素有“黄金水道金三角”之称。

公元605年，大运河通行时，隋炀帝经过窑湾，曾经短暂停留；唐代时候，依托水运，窑湾专门给城市烧制砖瓦，给军队烧制瓷器而繁荣起来，日过桅帆千杆，夜泊舟船十里；窑湾逐渐发展成为京杭大运河上的重要码头和商业重镇。

在明清漕运鼎盛时期，窑湾为南北水陆要津，往来船只南达苏杭，北抵京津，工商贸易曾昌盛一时。商号、工厂多达360余家，包括英美法等国企业。当时窑湾当典的银票可在中国18个省的定点钱庄兑换现银。有江西、山西、山东、安徽、福建、8省商会馆和青海、浙江、东三省等10省商业代办处。镇上驻有美、英、法、俄、等国家的商人近百人。曾经被称为“苏北小上海”，物资贸易、银票汇兑在这里都可以进行，连徐州的商人都到这里进货。

正因为很繁华，窑湾也就成了历史上邳宿两县都争夺的地方。一个小镇被一分为二，两县各有一半。

2014年6月，在枣庄煤矿的一处地下保险柜里面，一份民国时候的文件资料被发掘了出来，这是中国历史上第一家发行股票的文件，股票的持有人是张学良，而股票的发行者就是民国时候的中兴公司。后来创办光大集团的王光英和妹妹曾经在这里工作过，一个当工程师，一个做学校教员。这个诞生于台儿庄的民营股份制公司，还投资创建了连云港码头，以及上海的黄埔码头。而这些都是因为它所依托的天下第一庄——台儿庄。

微山湖畔的台儿庄，历史上曾经是个以船代步的水城。它扼守大运河的咽喉，是山东的南大门，也是江苏徐州的门户，在军事上具有重要地位。历来为兵家必争之地。此地因 1938 年春中国军队在此血战击退侵华日军而闻名。

台儿庄今景

清初，台儿庄已相当繁华，繁荣富庶，商贾云集，船舶迤逦；入夜，一河渔火，歌声十里，夜不罢市。明、清两代的帝王，每每经京杭大运河巡视江南，都要在台儿庄登岸巡游。台儿庄是古运河畔唯一一座南北交融、中西合璧的文化名城；它将世界八大建筑风格融为一体，72座庙宇、道观、教堂汇于一城，是京杭大运河上唯一一座古码头、古驳岸等水工遗存完整的运河古城。城内

台儿庄水城风韵

留存有3公里明清时期的古运河，被称为“活着的运河”，水街水巷，可以舟楫摇曳、遍游全城，它是中国唯一一座东方古水城。

大运河在历史上的变迁，与王朝变迁有着极大的关系。

吴越时期，运河就围绕各自的王权利益而建；隋唐时期，长安、洛阳是王权中心，隋炀帝又把扬州作为陪都，因为大运河的兴建，沿线的开封、杭州、北京以及运河附近的南京逐渐成为全国的政治、经济、文化中心，并留下了“流成的杭州，漂来的北京”的佳话，漕运发达时期，从天津到通州的北运河上每年要承载2万艘运粮的漕船，连同商船共3万艘。沿岸的数十座城市也因此日益繁荣兴旺起来。

现在，京杭大运河北京到济宁的航段因为缺水和疏于整修已经不能通航。京杭大运河苏北段因为沟通了微山湖、骆马湖、洪泽湖、高邮湖等水系，仍是运输最繁忙的

苏南运河上繁忙通航的货船

河段，常年可行驶 2000 吨级的船舶，年货运量可达 3 亿多吨。

从镇江谏壁经常州到南浔的苏南运河，贯穿了江苏经济最发达的常州、镇江、无锡、苏州等县市，与上海、浙江等周边地区的省际河流相连，可通航 500 吨级船队。目前，年货运量已超过 1 亿吨，相当于沪宁铁路货运量的 3 倍，航行船舶的密度超过了德国的莱茵河，是京杭运河上运量最大，密度最高的河段之一。

大运河被称为仅次于长江的“黄金水道”

中国大运河的通航，促进了中国历史上东西、南北经济的沟通和交流，促进了沿岸经济的繁荣和城市的兴起，运河沿岸逐渐形成了名城苏州和杭州，造船工业基地镇江和近代工业的发祥地无锡，对外贸易港口扬州、宁波等重要城市。而宁波、洛阳又是丝绸之路的起点。大运河是曾经的南北粮食水运干道，现在却是北煤南运的重要水路，沿线的鲁、苏、浙三省对大运河各段进行了整治、扩建和渠化，使千年古运河重新焕发了青春，成为中国仅次于长江的第二条“黄金水道”。同时也是南水北调东线的输水线路，更是世界交通大循环中的重要一环，是活着的、流动的重要人类遗产。

第二章　华夏粮仓

北京南新仓

12 月底，北京的气温已降至零下。入夜，东四十条 22 号几处不起眼的矮房点起了招引食客的大红灯笼，人们似乎已经习惯了这几座古朴建筑与周围高楼大厦的搭配，而几乎忘掉了它们曾经的功能——粮仓。“民以食为天”，这是中国流传甚广的一句古话，靠天吃饭的年代，粮食对于百姓的重要可见一斑。但谁又能想到，为了粮食，高居皇宫的帝王们也曾费尽心思。

大运河是华夏大地的一条命脉之河，纵观千年历史变迁，无论是运输物资，还是南粮北调，甚至是发动战争，大运河的作用都举足轻重。而运河边的粮仓，则一直是封建王朝巩固统治的基石。如今，透过这些粮仓遗址，展现在我们面前的是一幅幅生动的运河历史。

北京南新仓曾是明清两朝的皇家储粮官仓

浚县黎阳仓

河南浚县，是位于河南省北部一座几十万人口的古城。这里的人们生活安逸，对他们而言，身居古城本身就是很值得骄傲的事情。2011年年底，一支考古队进驻浚县城东的大伾山，他们所寻找的是一处传说中的国家粮仓。

河南浚县古河道

黎阳仓挖掘现场

黎阳仓的考古发掘工作是从2012年11月底开始的，根据当时央视报道的情况，黎阳仓的面积有7万多平方米，已经探明的仓窖有84个之多。目前还有很多仓窖正在等待发掘。在当时央视直播的发掘现场可以看到这些白色的线圈定的圆圈，每

黎阳仓地下仓窖遗址

一个圆圈都是一个正待发掘的仓窖。

据记载，古时的黎阳城位于浚县城东北方向，黎阳仓因靠近古黎阳城而得名。考古队在近 10 万平方米的范围内，先后发现了几十座直径 8~14 米不等的地下仓窖，以及大量带有“官”字印记的板瓦，并最终确定了黎阳仓城的面积大小。这座接近正方形的仓城，东西约 260 米，南北约 280 米。根据已确定的仓窖平均容积计算，黎阳仓的总储量约在 3000 多万斤，这些粮食足够 8 万个成年人吃上一整年。

浚县城东石刻大佛

在浚县城东的大伾山上，有一尊 22 米多高的石刻大佛。很特别的是，这尊佛的目光并不是望向正前方的。古时黄河曾经从大伾山东麓流过，历史上多次决口，浚县百姓深受黄河水患之苦，便把希望寄托在神明身上求佛祖镇水。大佛眼望的方向正是曾经的黄河故道，而他向外翻出的手掌则寓意河水止步。黎阳仓的位置恰恰建在古时的黄河水边，建仓的目的就是为了漕运。

漕运老照片

浚县文物旅游局局长裴顺昌说，黎阳过去靠近古黄河，靠近古黄河便于整个粮食的漕运，黎阳又是过去的粮食丰产区，建仓的开始应该是黄河的漕运，到公元668年，永济渠开通以后，永济渠和黄河同时漕运。

漕运，是通过水路向封建统治阶级运送粮草的一种经济形式。自秦代开始，便有了通过人工挖凿运河以利运输的先例。在那个没有机械工业的时代，水路运输的成本仅仅是陆运的十分之一。为了尽可能延长运输范围，秦王朝建立了以仓储管理为中心的漕运制度，在水陆交通的枢纽地区建立大型粮仓，供转运或存粮之用。历史上，黎阳仓历经废弃和重建。几百年的时间里，一座粮仓在存储漕粮的同时也见证了漕运制度的兴起。

《浚县志》记载，黎阳仓在大名府浚县东二里大伾山北麓，乃隋文帝所置。

公元583年，隋朝建立之初，由于地狭人稠，交通不便，京师长安的粮食供给愈发紧张。统一中国的隋文帝当即下令重开漕渠，并在黄河沿岸设置粮仓。想通过水路运输把江南地区的粮米运至长安。

从隋代开始，中国的经济重心逐渐南移，政治中心仍在北方。然而，由于运粮的路途实在险阻，尽管有了黄河沿岸这些转运粮仓，长安城粮食紧缺的问题仍然得不到解决。隋文帝时期，关中每遇灾荒，总会发生官民一起到洛阳就食的事情。此时的长安，似乎已经渐渐无法适应经济发展的要求。迁都的计划，在文帝的儿子杨广心中慢慢成形。

如今，浚县人每天进出都要经过这座古老的云溪桥，桥下已经干涸的正是当年行走漕船的河道。沿这条河向西南方不到 300 公里，便是隋朝的第二个都城——洛阳。

洛阳回洛仓

在今天的洛阳市洛龙区，静静矗立着一座旧城门遗址。定鼎门，隋唐洛阳城的最南门。在定鼎门遗址的二楼我们找到了一座沙盘，隋唐时期皇城的格局清晰在目。由定鼎门一路向北便能通往帝王的宫殿。历史上，第一个通过这道城门的皇帝正是隋炀帝杨广。

古洛阳沙盘还原图

公元 604 年，隋炀帝杨广继位。杨广对于三面环山，北靠黄河的洛阳心仪已久，登基之后立刻下诏在此兴建都城。与此同时又召集百万余人，以洛阳为中心分别向南北开凿通济渠和永济渠。这条全长 2700 多公里，之字形的人工河道就是后人所说的隋唐大运河，它的出现就此打开了中国漕运繁盛时期的大门。

七月的一天，王炬像往常一样来到正在建设中的回洛仓遗址展厅。从三年前接到这座仓窖的考古研究任务开始，他几乎天天都与这些巨型土坑相伴。

王炬（洛阳市文物考古研究院副研究员）接受采访时说：“2004 年，洛阳东方拖拉机厂要建一个轮胎分厂，建厂之前要进行考古发掘。他和同事在考古钻探的时候，发现了这个地方有粮窖存在。”

2004 年，因为一座工厂的整体搬迁改造，洛阳市文物局的考古工作者在位于洛

洛阳回洛仓遗址

阳北部的邙山南麓，意外地发现了埋藏于地下的71座粮窖遗存。发现的仓窖排列规整有序，形制较大，为同一时期所筑，因此推测这应该是古时的国家粮库。为了保护这批珍贵的文物遗迹，洛阳市政府决定停止原来的工厂建设方案，就地对回洛仓进行保护性勘探。

王炬还说道："根据我们当年发掘的这个情况，这个地层包括这个仓窖里头的包含物，还有出土的这个大业元年的铭砖，根据这些再结合文献记载，最后确定这是隋代的回落仓。"

隋代回洛仓出土铭砖

在洛阳市文物局当年回洛仓出土的铭砖上，残损的砖面依稀可见"大业元年"四个字。

回洛仓建于公元606年，也就是隋唐大运河动工开挖的第二年。仓城呈长方形，东西长1140米，南北宽355米，总面积达40多万平方米。目前已确定的仓窖数量达220座。按照仓窖的分布规律推算，整个仓城的仓窖数量约达700余座。一个内径10米、深10米的仓窖，储粮量在50万斤左右。如此计算，回洛仓的储粮总量可达 3.55 亿斤。

这些位于展厅周围的圆形花圃排列整齐，每一个花圃下方都是一个回填过的仓窖。可以想象，当年的回洛仓城是何等壮观。而事实上，回洛仓的规模在当时只能屈居第二。

王炬正走向建设中的回洛仓遗址展厅，展厅外圆形花圃下都是回填过的仓窖

巩义兴洛仓

在洛阳市东不到 100 公里的洛河岸边康店镇，有一座气势非凡的古宅。周围上了年纪的老人都知道，这里曾是康百万家族的老宅子。明清年间，中国漕运制度发展到鼎盛时期，康氏家族的祖先就是依靠河运发家，代代延续，整整富足了 400 多年。

顺着洛河，沿康家的宅子向东不到 30 公里，黄河与洛河交汇在了一起。这里曾是隋代东都洛阳的“东大门”。公元 606 年，隋炀帝在此设置了一座大型粮库，号称天下第一粮仓。当时，洛阳城建成还不到一年。隋炀帝为这座仓城取名兴洛，寓意洛阳兴旺、繁荣。

洛河现貌

隋唐大运河以洛阳为起点，经洛河入黄河，后分两路通往北京和杭州，

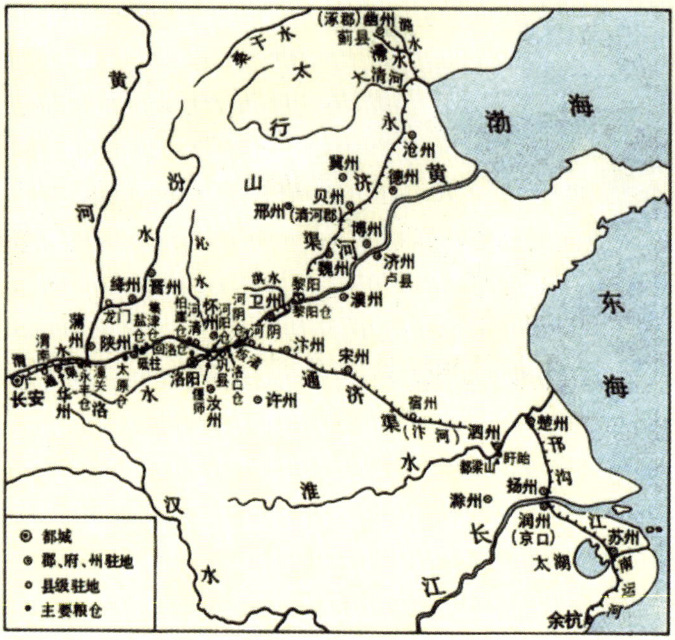

隋代粮仓分布图

这个岔口也是历来兵家的必争之地。兴洛仓又名洛口仓，洛口二字刚好点名了仓城地处的重要位置。据《旧唐书》记载，“仓城周围二十余里，穿三千窖，每窖容八千石，置监官并镇兵千人守卫”。

古往今来，有水的地方就有生机。这个道理，隋炀帝深知，河洛康家的世代祖先显然也深谙此道。然而，这两者之间已相隔了 1000 多年，在这 1000 多年里，大运河的工作从未停止过。

隋唐大运河开通后，洛阳就成了水路便捷的交通枢纽，工商业也得到空前发展。然而，尽管运河的开通为洛阳带来了经济的繁荣，却没能在真正意义上巩固隋朝的政权。公元 617 年，各地反隋起义军风起云涌。瓦岗军首领李密率队先后攻取了黎阳仓、洛口仓与回洛仓，随后开仓赈民，任由百姓取食。闻讯而来的近百万人，有的拿瓮，有的拿筐。在回家途中，筐中粮米散落在地上有数寸之厚。史书有记“洛水两岸十里之间，望之皆如白沙”。

粮仓失陷，洛阳城中就此断了口粮。短短一年过后，隋朝灭亡。隋炀帝怎么也想不到，他精心计划一步步打通的南北大动脉就这样落在了别人手里。

洛阳含嘉仓

洛河，古称洛水，是隋唐大运河通济渠的第一段，洛阳正是因为地处洛河之北而得名。今天的洛河周围高楼林立，曾经船来船往的繁忙景象早已寻不到踪迹。自唐代开始，来自南方的运粮船经通济渠北上后，不再将粮食送往洛阳城周边的粮仓。而是通过由洛河分支出的一段漕渠，直接将粮米送往位于洛阳皇城东北角的一座仓城。似乎是因为吸取了隋朝覆灭的教训，唐太宗李世民把最重要的国家粮仓直接建在了东都皇城的旁边，这座粮仓就是著名的含嘉仓。

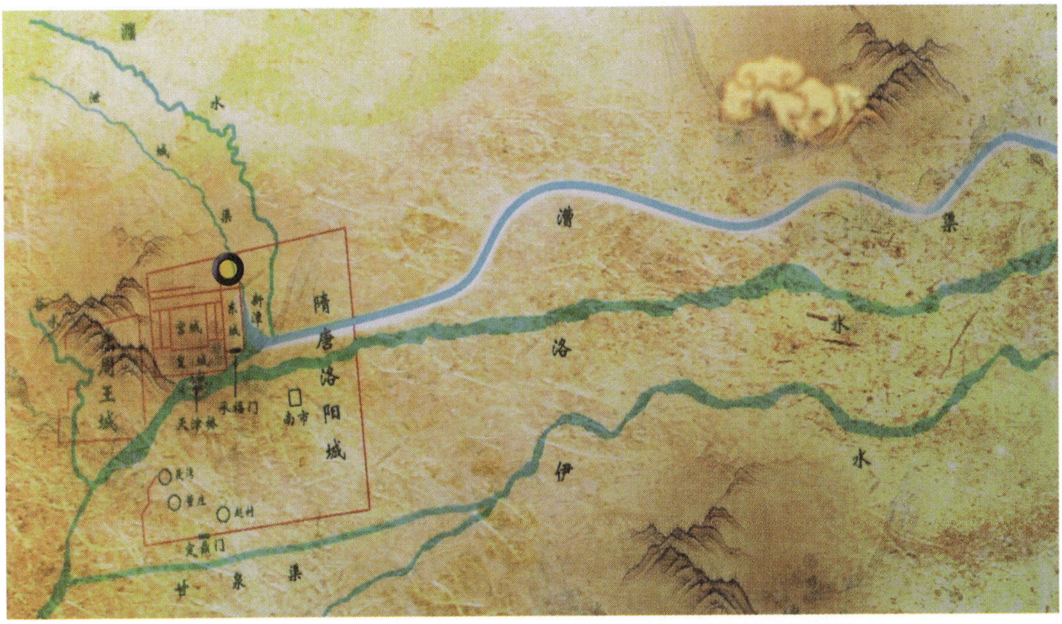

隋唐时期洛水（今称洛河）与洛阳城的位置关系

方孝廉，洛阳市文物考古研究院退休研究员，40多年前和同事们一起见证了含嘉仓遗址的挖掘过程。

方孝廉讲述含嘉仓的发现过程

方孝廉接受采访时讲道，隋唐含嘉仓，是在1969年11月考古时发现的。“当时咋发现的？就是当时在洛阳要修个焦枝铁路。当时洛阳要搞一个配套项目，就是包括车辆、检修车间，这个车间（需要）我们经过考

含嘉仓中保存完好的储粮

古专门的钻探，下面发现 15 个八角形的坑。当时我们去大概十七八个人，结果发现了一个方形砖，一个方砖上写着有含嘉仓这个三个字。”

含嘉仓的发现在当时轰动一时，中央新闻纪录电影制片厂随即安排摄影队进驻现场进行了为期两个月的跟拍。在发现的 287 座粮窖中，其中一座竟然还存有粮食。

方孝廉说：“挖一块端着就走了，它都粘到一块，因为经过这么久，这个粮食啊已经碳化了 48%，还有 52% 还是有机物，等于说，它没有完全碳化，当时我们在现场是，把这粮食撮撮，一撮撮看着一颗是一颗，它也不是粉状，是一颗是一颗，而且再撮一会儿加工，皮是皮，芯是芯，用水一冲都可以分开，保存相当好。”

20 世纪 70 年代的国家粮库都是靠地面仓库储粮，由于洛阳气候闷热，常有鼠患，粮库每年都要遭受巨大损失。很难想象，这座古人使用了几百年的地下粮窖却能将粮食保存的如此完好。

在洛阳市瀍河区有一条名为古仓街的小路，离它不远的地方，曾经出土过碳化粮食的含嘉仓 160 号窖静静的安置在一座小院子里。当年，为了配合铁路修建，含嘉仓城中挖掘出来的大部分仓窖被回填，只保留了形质最完好的 160 号窖供人参观。

含嘉仓遗址

古人用于保存粮食的方法十分科学，在防潮方面，隋唐两代粮窖使用的材料略有区别。仓窖的防潮方法都是先将窖底夯实，用火烧硬，然后铺上防潮层。根据考古研究，回洛仓所使用的防潮介质是由外地运来的青膏泥，而到了唐代，含嘉仓则选用烧土颗粒和炭粒的混合物。防潮层做好后，再铺以木板或木板和草的重叠混合层。据记载，唐朝时窖内的谷子可藏 9 年，稻米可藏 5 年。160 号窖内的谷子保存至今已有 1300 多年，颗粒仍可辨认。

保存最为完好的
含嘉仓 19 号窖铭砖

在洛阳市博物馆，展览着含嘉仓出土的碳化粮食，以及当年确定仓窖身份的铭砖。这块单独摆放的是保存最为完好的含嘉仓十九号窖铭砖。

仓窖铭文有一定的格式，从右至左，一般先刻仓名，次刻仓窖位置，然后是输粮地点、时间、品种、数目以及入窖日期。最后还要署上经手官员的名字。按官职高低，职位最高者在最后。从铭砖上如此有序的书写形式也可以看出，从唐代开始，漕运已经形成了十分规整的管理制度，并逐渐成为封建王朝的生命线。

公元 13 世纪，成吉思汗的蒙古族铁骑入主中原，元朝就此建立。元代建都大都，也就是今天的北京。随着政治中心的转移，漕运路线也发生了改变。为了使江南地区的粮食物料更方便地运往北京，元世祖忽必烈用了 11 年的时间重整漕渠，完成了将隋唐大运河去弯取直的浩大工程。运河自此不再经过洛阳，而是纵贯南北直通京杭。京杭大运河就此成为了明清两代维系漕运命脉的主干线。

清漕运总督府遗址

淮安丰济仓

江苏淮安市淮安区，坐落着中国历史上曾经掌管全国漕运事务的唯一机构，如今的漕运总督府是在原有遗址的基础上重新建造而成。由明代开始，运河漕运发展到鼎盛，每年有上万只运粮船往来于大运河中，南方的漕船抵达淮安必须先经漕运总督盘查才能继续北上。

淮安古称楚州，地处黄河、淮河与大运河的交汇处。明清时期，由于独特的地理位置和重要的政治地位而成了南北互通盐粮的重要中转站。

丰济仓遗址石板路上的车辙压痕

明朝中叶，黄河再次入侵淮河，淮安以北的京杭运河不仅迂缓难行，且时长发生沉舟事故。为了保证漕船行驶通畅，清政府下令禁止民间船只在运河上游航行。如此一来，跑船商人只好在位于清江浦的石码头上岸，改换马车继续北上。一时间，码头附近骡马车行、旅馆饭店密布，清江浦的繁华远近闻名。按照惯例，如此繁盛的交通要地周围必有大型粮仓存在。

淮安丰济仓遗址石板路上看似普通的石板已有了岁月打磨的痕迹，从下凹的形状中依稀能够想象运粮马车压过的情景。明清时期淮安城中最大的粮仓丰济仓，历经战乱，如今已经隐匿在民宅当中。近代过后，由于海上运输的发展和京沪铁路的建成，淮安的枢纽作用逐渐消失。南船北马的繁华已经褪去，唯有这些路牌和石碑依旧留守在运河旁边。

修复后的富义仓

杭州富义仓

“北有南新，南有富义”，这句话说的正是明清时期两座最著名的天下粮仓。在杭州拱墅区霞湾巷 8 号这座院落的门牌上，赫然写着“富义仓”三个字。院子可以随意进出，附近的居民经常会坐在这聊天休息。国家大运河申遗专家组委员张书恒工作的地方离富义仓不远，隔三差五过来转转已经成了她的习惯。

2003 年，杭州市政府计划对这座年岁过百的粮仓进行保护性修建。由于经历民国战乱，后又被当作为民宅使用，修复之前的富义仓状况十分不堪。

张书恒接受采访时说：“这个项目当时进来的时候因为比较残破，整个研究和调查的过程还是比较辛苦的，实际上一半是在残存的这个建筑丛中进行考古，一半是在瓦砾堆上进行清理，整个工作经过了大半年的时间，真是从废墟里面一步一步地把它的这个原貌进行发掘，整理出来。”

富义仓始建于公元 1880 年，地点就在京杭大运河边，建仓的目的是为了屯粮救济百姓。民国期间，富义仓仍然保持着粮仓的功能，新中国成立后才逐渐失去了原有用途。今天的富义仓已被赋予了新的使命，对于张书恒而言，这无疑是值得欣慰的。

张书恒说：“ 我实际上从事遗产保护已经有 30 年了，这个是我做的几十个项目中的一个。运河可以说是维护国家安全、政治稳定、经济发展的一个重要的交通大通道，能亲身参加大运河的保护工程，真是我们非常荣幸的一件事情，我们也尽力的把这个工作按照遗产保护的这个要求，精心地给它做好。”

北京皇家粮仓

“云光水色潞河秋，满径槐花感旧游。无恙蒲帆新雨后，一支塔影认通州。”清代书画家王维珍的一首《古塔凌云》，为人们勾勒出了千年以前的通州旧景。公元1292年秋天，由水利专家郭守敬主持开凿的通惠河修建完成，自此，停靠北京通州的漕船可以继续向西直达积水潭码头。

如今的积水潭码头成为城市景观中的组成部分

一幅《潞河督运图》的画作绘制于乾隆年间，画面描绘的正是当时来自各地的漕船抵达通州时的繁忙景象。通惠河开浚后，北京城中陆续建起了大小粮仓几十座。据记载，至明朝永乐年间，北京东城朝阳门附近共有7座官仓：北侧有海运仓、北新仓；中部有南新仓、旧太仓、兴平仓和富新仓；南侧有禄米仓。它们共同担负着京师储粮的重任，在南粮北运的过程中发挥着重要的作用。

潞河督运图

然而，好景不长。公元 1885 年，黄河再次决口，漕粮河运被迫改为海运。此时的清朝政府也已走向衰败，公元 1905 年，漕运制度被彻底废止。短短六年之后，绵延千年的中国封建王朝落下了帷幕。

现在让我们回到故事的起点，如今的南新仓尚存 9 座仓廒，按照军事标准建造的墙壁依然坚固耐用。不同的是，粮仓早已不再是漕运制度的附属。

千百年来，运河沿岸的粮仓星星点点，几经更替。正是透过这些粮仓，今天的人们经过不懈努力，达成了与历史的对话。

运河夜景

第三章　码头风云

千年历史中，运河的沿岸衍生了无数的码头。他们像运河的牙齿，密布在她3000里长的身躯上。多少政要商贾、文人墨客乘船来往于运河之上，泊舟歇憩于码头，或感慨山河意趣，赋诗咏景，或表露内心抱负，撰文抒志，留下了字字珠玑的优美诗篇，留下了熠熠生辉的今古传奇。历史正是从这里出发走向世界，而世界从这里停靠，进入中国。

宁波三江口

四月的宁波总是被阴雨笼罩着。位于三江口的一处码头上，跑船人杨森在爱人的协助下将自己的油料船驶离码头，开始了一天的船运生意。

10年前，杨森夫妇开着船从江苏老家出发，借助江南运河抵达了杭州，随后再

四月的宁波总是阴雨连绵

跑船人杨森经营着自己的船运生意

由一条连通到宁波的水系来到了三江口，并在这里开启了他们的新生活。平日里，他们的生活都在船上，而三江口沿岸的众多码头成为了他们的落脚点，每一处码头对他们来说再熟悉不过了。

杨森接受采访时说："宁波的城市变化很大的，像我们第一次到宁波这里河没有这么大，很浅的，这个绿化很差的，没有绿化的，像这么多高楼大厦很少的，现在一眼看上去都是高楼大厦。"

还有两天就是清明了，杨森决定让爱人独自回江苏老家去看看家中的老人和新盖的房子，而他一个人则还要继续照看这里的生意。

尽管在宁波三江口的江面上跑了 10 年船，但是杨森对于自己脚下的这条河与大运河的关系似乎还并不太了解。

位于宁波的运河河岸景观

杨森说道："以前听老人讲大运河是从北京过来的，北京到杭州，古时候人家运粮啊草啊这样的，叫京杭运河。"

中国大运河的最南端究竟止于哪儿？对于这个问题，困惑的不仅仅是杨森一个人，在很长的一段时期里，京杭大运河成为了大多数国人对于中国大运河的唯一印象。而历史又总是出乎人们的意料，就在中国大运河贯通的那一刻起，从杭州到宁波的这一段水系就已经参与到了大运河庞大漕运体系中去了。

宁波元代永丰库遗址

在如今宁波最为热闹的中山西路北侧，保存着一处元代建筑遗址。13 年前，这块地皮原本是规划给了一个高级地产项目，而就在开工前的例行文物勘察中，一座布局完整的元代建筑遗址被发现，同时出土的还有大量珍贵瓷器。

据《明成化宁波郡志》记载，元代时，这里曾是宁波衙署的仓储机构，名为永丰库，它好比今天的工商税务局，其管理范畴包括漕粮、房契、市舶等行业。而永丰库则是存放罚没物品以及负责税收的场所。那次的意外发现使得原计划的地产项目搁浅，取而代之的则是一座开放性遗址公园。是什么原因使得这个元代遗址会受到当地政府如此重视呢？

宁波博物馆收藏着大量永丰库遗址出土瓷器

在如今的宁波博物馆里，收藏着当时从永丰库遗址中出土的大量瓷器。

它们都来自江南和中原地区的著名窑口。包括福建的建窑、德化窑、广西的景德镇窑、浙江的越窑、龙泉窑、河北的定窑、磁州窑等。对于这些瓷器的运输，我们的先人们很清楚，采用船运要远比陆上运输更为安全、稳妥，而且周期也最短。因此，来自南方窑口的瓷器都会经由宁波，借助大运河一路北上。而北方窑口的瓷器也同样经由大运河运抵宁波。永丰库的发现充分证明了古时候的宁波早已参与到了京杭大运河的漕运体系中。

公元 2008 年，宁波与杭州、北京、天津、扬州等 35 座城市一起，共同被纳入到了中国大运河联合申遗城市之中。而在中国大运河贯通的 1000 多年里，宁波所发挥的作用不仅于此。

这艘建造于南宋时期的货船，在地下沉睡了 800 多年后，于 2003 年在宁波三江口附近被发现。考古专家在对它进行修复的过程中有了一个惊人的发现，这艘构造并不复杂的货船用料十分考究，它的船板取材于质地轻韧的杉木，龙骨取材于硬度较强的荔枝木，而隔仓板则使用了坚韧的香樟木。这种对木材的选用具有高度的科学性和实用性，甚至在如今的木船制造中也一直沿用着。从这一点上不难看出当时宁波本地的造船技术已经相当成熟。

在对这艘古船的进一步研究中，专家们又有了更为惊喜的发现。它的出土地点虽然是在三江口附近，但是从船型以及尺寸上推断，这种船并不是在内陆运河中使用的，而是主要用于近海的小型海上运输船。

宁波发现的建于南宋时期的货船

从三江口码头沿甬江往东继续航行 30 公里，就可到达宁波的出海口了。从京杭大运河贯通到宁波的那一刻起，凭借得天独厚的地理优势，宁波成为了对外贸易、文化交流的一个重要窗口。而先进的造船技术在这其中起到了有力地推动作用。

公元 992 年，北宋淳化三年，宋政府在宁波设立了管理海外贸易的机构市舶司。两宋时期的三江口成为了对外文化商贸交往的重要海运码头。大量的丝绸、瓷器、茶叶，源源不断的从这里出口到世界。而这些物资也会从南方运到北方，伴随着它们一起运输的还有粮食。

天津三岔河口

从这座架设于海河之上的巨型摩天轮运转的那一刻起，它便成为了天津市最新的地标性建筑，规划设计者给它起了一个响亮的名字“天津之眼”。每当夜幕降临，这里便成为了天津人健身放松的休闲之地。

巨型摩天轮“天津之眼”位于三岔河口

海河岸边巨型浮雕壁画描绘出天津700年前的场景

尽管天津的年轻人总喜欢用“天津之眼”来作为这一带的统称，但老一辈的天津人更习惯于称这里为三岔河口，天津这座城市的发祥地就在这里。在海河岸边的景观大道上，一幅巨型浮雕壁画铺展开来，画中的海河两岸码头众多，大大小小的货船装卸着货物，一派热闹的景象。如今的人们可能不曾想到，它上面所描绘的正是这里700年前的模样。

1271年，忽必烈在大都，也就是今天的北京登基，改国号大元，中国历史上第一个由蒙古族人统治的朝代就此建立。称帝初期的忽必烈根本无心享乐，因为一项更为紧迫的问题需要他去解决，那就是粮食。由于长期战乱，当时的华北地区耕地荒废，经济萧条，根本没有充足的食物去养活大都城内的百万人口

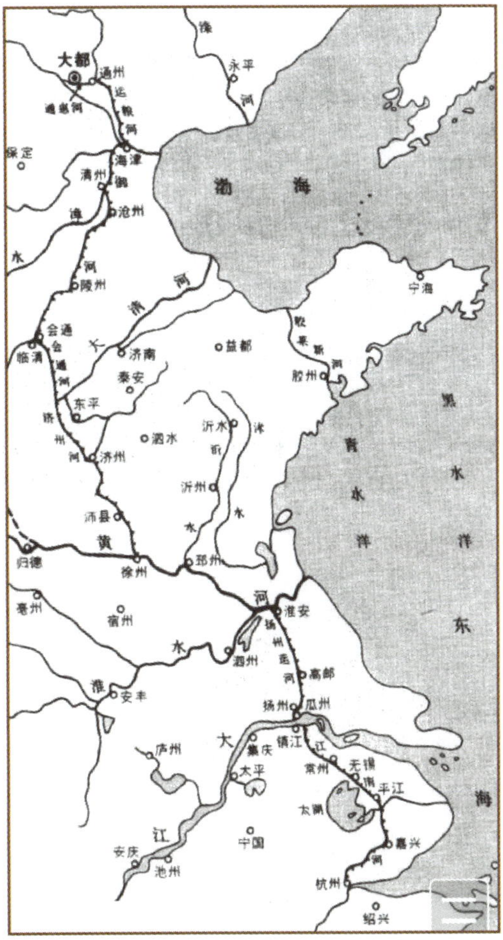

元代南北运河路线示意图

和大量驻军，唯一的办法就是从南方输送。

在汉人水利专家郭守敬的提议下，忽必烈决定在隋唐运河的基础上直接从山东临清北上，开挖新运河直达大都。而这段新运河有一个重要的节点，它就是天津的三岔河口。从临清到三岔河口的这段 400 公里河道被称为南运河，从三岔河口到通州的 186 公里被称为北运河。1293 年，一条纵贯南北的河道全线贯通，这便是最为人们所熟知的京杭大运河。

这条南北物资输送的大通道在开通初期，漕运能力还比较弱，根本无法满足大都的粮食需求。最终，忽必烈又下令开通了海运。而天津作为离京最近的港口城市，同样成为了海上运输大通道最北端的终点。漕运和海运在三岔河口的汇聚，使得这里成为了北方的一处囤粮重地，到此谋生居住的百姓也就逐渐增多了起来。

相声茶楼谦祥益

谦祥益，如今天津十分知名的相声茶楼之一，每天晚上这里都会有相声专场演出。有时压轴节目会请来天津相声界泰斗尹笑声。尹笑声，天津相声的代表人物，师从马三立。如今虽已 80 多岁的高龄但依然活跃于舞台上。今天他将和搭档说一段传统相声《八大碗》。天津人对相声的喜爱是真切的，这也是尹老如今一直坚持在舞台上的原因之一。

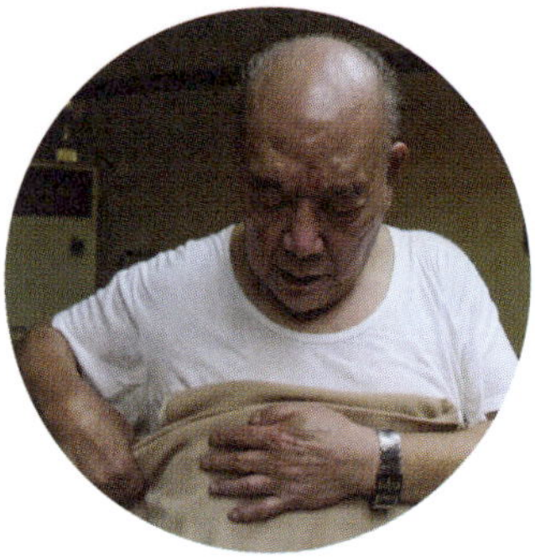

相声演员尹笑声谈起天津人的幽默很有感触

尹笑声说：“任何地点爱听相声的观众没有天津多，另外呢懂相声没天津懂相声。相声它主要的功能就是说话，天津人喜欢幽默，由于嘴能说他就爱听相声。”

尹笑声谈到天津人说话喜欢幽默，喜欢诙谐时说：“有个俗语叫什么精油子卫嘴子，我听这句话倒不是什

天津所出现的“方言岛”

么贬义，就是天津人好说，不但好说而且很幽默，很诙谐，但是天津人心不坏。”

天津人的幽默不仅体现在性格上，尤其融入到了他们的方言当中。已故的天津文史专家李世余老先生曾针对天津方言做过专门的调查，并发现了一个奇特的现象，天津市所辖的区县内，能够讲一口地道天津话的天津人只局限在天津城区一个倒三角的区域内，而在这个区域以外的天津人口音，北部的接近北京话，东北部接近唐山话，其他三面的则被静海话所包围。由于天津方言在这个区域的语言体系中被完全地孤立了出来，语言学上称之为方言岛现象。

究竟天津方言是如何形成的？它又是来自哪里呢？

曾对天津城市的形成做过深入研究的天津博物馆研究员陈克说：“到底哪来的这个方言岛？最近像天津师范大学和南开大学还有市政协组织的考察队到淮南一带，天津的方言来自于安徽南部和江苏南部那一代。”

陈克还说：“天津这座城市应该说是因运河而生的，怎么讲呢，就是在这个明代第三个皇帝朱棣把首都迁到北京以前，还没有天津这座城市。”

天津博物馆研究员陈克认为天津因运河而生

在距三岔河口不远的南运河河畔，有一处名为天子津渡的遗址公园。相传当年驻

天子津渡遗址公园

守于燕京一带的燕王朱棣带着军队由此过河南下，一举攻克南京夺取了皇位。称帝后的朱棣对曾助他顺利渡河的三岔河口一带念念不忘，决定在这里筑城设卫，取名“天津”，意为“天子津渡之地”，天津由此得名。

对此，陈克谈道：“那么一直到明代的时候，朱棣下令在天津设卫筑城，因为这个地方太重要了，它是漕运的一个节点，无论是海运还是河运。所以他设一个卫，这说明一个什么问题呢，天津最早的居民是军人。”

朱棣被朱元璋赐封为燕王后发派到北方的燕京，跟随他来的士兵大多招募于如今安徽、江苏一带，由于这些人都有军籍编制，并且带有家属，具有较高的社会地位，所以他们的方言作为官方语言一直保留了下来，最终形成了天津独特的方言岛现象。

古运河一侧的天津老街

对于后生们，尹笑声总是不遗余力地传授毕生所积累下来的经验。与其说是对晚辈的一种关爱，不如说是寄托了他对于天津“曲艺之乡”这个称谓的浓浓情感。

柯蓓师在这条老街上已经住了大半辈子，顺着斑驳的码头拾阶而下，一条古朴的老街静静地卧于古运河一侧。在老街的入口矗立着一块石碑，石碑上的文字告诉了世人不寻常的历史。这块石碑正是柯蓓师老人刻制的。

扬州邵伯船闸

邵伯船闸，大运河跨过长江继续北上后，在扬州境内的一个重要节点。如今，南来北往的货船依然川流不息，繁忙的景象一如几百年前的模样。

邵伯船闸如今依然繁忙

今天的行船人可能并没有留意到，就在他们所经过的这条繁忙的水道旁，一条与之相平行的小河却显得落寞许多，而错落其间的大大小小码头又暗示着这里似乎并不寻常。这块文化遗产标识碑揭开了它的神秘面纱，这里曾经是京杭大运河上的一处重要码头，邵伯大码头，而这条落寞小河就是曾经大运河的故道了。

如今，往昔不再。游走在由条石铺就的石板路上，清代建筑遗存散落其间，而印刻于木牌上的文字提醒着我们这里曾经的繁华。

曾经的邵伯大码头已辉煌不在

邵伯文化站老站长潘名祥一直在做着有关邵伯文化历史的收集研究工作。悬挂在他家墙壁上的几幅运河小景是他年轻时所描绘的。随着岁月的流逝，时代的变迁，家乡门前的运河和老街渐渐衰落下来，很多老建筑因年久失修而遭到损坏，潘明祥很是心痛。不过更令他感到失望的是史书中关于邵伯的记述，都是寥寥数笔，并不详细，无法使人直观形象地感受到曾经作为运河重镇的真实景象。就在他感到有些失望的时候，一张垫于箱底的旧报纸让他如获至宝。

邵伯清代建筑群

邵伯文化站老站长潘明祥一直做着有关邵伯文化历史的收集研究工作

潘明祥回忆说："这个日报创办期是1934年，是民国23年，它是邵伯镇的日报，这个集镇上能有日报还是不容易的，还是有一定的实力和基础的，它主要取决于邵伯镇在运河边上，商业繁荣，经济比较有实力。"

透过这些分门别类的广告，一百年前邵伯古镇的繁盛景象逐渐浮现在了我们眼前。这张发黄的报纸让一百多年前的邵伯古镇有了具体的印证，但是潘明祥似乎还不满足。因为民国时期的京杭大运河，黄河以北地区由

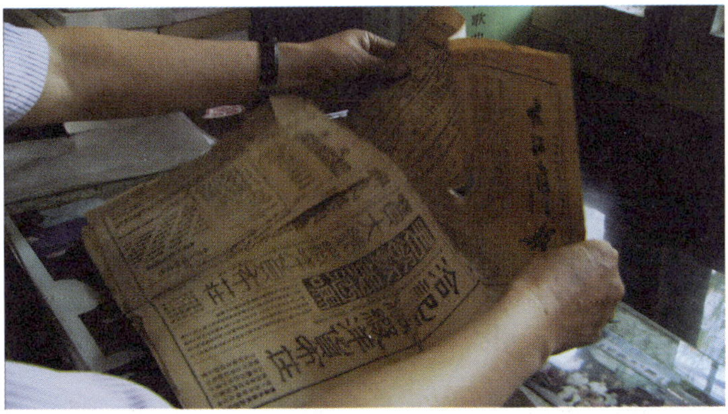

民国时期的邵伯镇日报

于河道淤塞已经停运，只有水资源比较充裕的苏杭一带还部分通航着，而京杭大运河最为繁盛的时期是在明清两代，究竟那时的邵伯码头上，又是怎样的一番景象呢？

扬州博物馆内收藏的由扬州晚清画家王素绘制的《运河揽胜图》，告

扬州博物馆展示《运河揽胜图》

扬州晚清画家王素绘制的《运河揽胜图》

古画中描绘的古邵伯码头市民生活场景

诉了人们这一切。

潘明祥说道：“这幅画是王素（画）的邵伯镇。从整个画面来看，（与）邵伯的地理环境相吻合，从这里面看来的话，有官船，有民间的商船，这是从河面来看。接下来从岸上来看的话，跟邵伯的市民生活还是相吻合的。全部是商业街，这里有卖粮的，因为农村里面，他们把粮挑上来卖，有鱼行收鱼的，从这幅画面来看，地理环境，社会人文，都非常贴合邵伯镇。”

明清两代，京杭大运河进入到了鼎盛时期，从北方载着大豆、棉花、淮盐等物资的商船由于害怕风大浪急的长江水，于是将货物卸到了邵伯码头上，而与此同时，南方的桐油、茶叶、瓷器等物资过长江后也汇聚到了这里，邵伯逐渐成为南北物资集散的重要商埠之一，南来北往的商人在这里进行着商品贸易，邵伯也因此兴旺起来。

如今的邵伯码头上，已经看不到“帆枳如林”的场面，而商铺林立的景象也只能从古画中去寻觅。

镇江轮渡码头

镇江轮渡码头依然承担着镇江与扬州两座城市之间的往来

从镇江轮渡码头上船不过10分钟的航程，便可顺利抵达隔江相对的扬州了。尽管一座跨江大桥早已将这两座城市紧密地连接在了一起，但是，生活在长江两岸的人们依然习惯于乘坐渡轮来往于两地。在宽阔的江面上，与渡轮相伴的还有不同吨位、不同种类的货船，它们或逆水而上，或顺江而下，在这里构成了一幅立体画卷。

今天，站在船舷上的人们也许不曾想到，这条镇江与扬州间 3 公里长的水道其实已经热闹了 1000 多年。

“粮船次第出西津，一片旗帆照水滨。稳渡中流入瓜口，飞章驰驿奏枫宸”。清代诗人于树滋向我们描绘了这里曾经作为漕运要道的繁忙景象。一个多世纪前，浩浩荡荡的漕船、商船沿江南运河一路北上到达长江南岸的扬州后，镇江正是他们继续北行的必经之路。

镇江西津渡小码头遗址

镇江西津渡遗址景观街

在如今镇江城西，距离江边约三百多米远的一条公路南侧，一处考古遗迹被精心地保护起来。透过封闭的玻璃罩，一片带有明显人工堆砌痕迹的石筑构件静静地躺卧在那里。如果不是标识牌的提醒，如今的人们无论如何也不会将它与码头联系在一起。

就在这处码头遗址的不远处，一块大型景观石上镌刻着三个红色大字——“西津渡”。沿着码头遗址往南拾阶而上，一条明清建筑风貌的古街上依然热闹非凡，曾经的西津渡凭借得天独厚的地理优势，很快成为了大运河上的一处重要商贸码头，南来北往的客商在此驻船上岸，开店经营，逐渐形成了一条繁茂的商业街市。如今石板路面上那清晰的车辙印仿佛还在述说着当年这里空前的繁荣景象。

张向东和他的咖啡馆在西津渡古街上已经开了有些年头，与其他在此开店的

西津渡明清风貌古街

商人有些不同，当初吸引张向东开店的并不是这里巨大的客流量，更多的是这里浓厚的人文氛围。

张向东接受采访时说："我们这边有一首诗，唐代的叫《赠汪伦》，'李白乘舟将欲行，忽闻岸上踏歌声。桃花潭水深千尺，不及汪伦送我情。'当时李白撑着舟已经走的时候，汪伦没办法表达他那种心情，然后就唱歌，所以说我们理解古人心境的时候有的时候觉得太美了。"

西津渡古街上的咖啡店

借助当年的大运河到过此处的文人不只李白一位。距今1000多年前唐代的某个夜晚，一位名叫张祜的文人留宿在西津渡的客栈中，借着月光他来到渡口边，远眺被夜色所笼罩着的江面，一缕思乡之情从他心底油然而生，一首满含乡愁的诗句脱口而出：金陵津渡小山楼，一宿行人自可愁。潮落夜江斜月里，两三星火是瓜州。

西津渡周围山峦韵漫

千百年来，西津渡周围的山峦韵漫让路经此地的文人墨客流连忘返，留下的诗篇数不胜数。这也正是张向东喜欢这个地方的一个原因。

近代以来，随着长江航道的逐渐北移，原本临江而建的西津渡码头已经退到了岸上。那么，曾经让众多文人墨客眷顾的西津渡究竟是怎样的一番景致呢？在今天镇江市博物馆里，收藏着一套清朝年间描绘镇江城风貌的画作《镇江二十四景》，它的作者周镐是清代镇江本地的一位知名画家，他用笔墨描绘出了当时镇江最具特色的二十四处景观。也许借助它可以让我们领略到当年西津渡的别样风情。

《海门泛月》这幅作品展现的正是月色中，镇江江面的幽寂景色。而另一幅《西津晓渡》则让我们领略到了当年紧临江边的西津渡码头上，船只往来的生动画面。

《镇江二十四景》之《西津晓渡》

在这条曾被众多文人眷顾的西津渡古街上，镇江本地的诗词爱好者每周都会组织交流活动。尽管如今的西津渡口上再也寻觅不到千帆竞争的场面，但是它所蕴含的人文气质依然回荡在这条古街上。大运河的开通，形成了一条无形的南北文化的大走廊，凭借它，北方的儒学思想与南方的诗性文化有了交流碰撞的可能，中华文明才得以延续至今。

淮北柳孜村运河码头

柳孜，安徽省淮北市濉溪县辖区内一个经济并不发达的小村子。如今生活在这里的人们依然过着日出而作，日落而息的生活。但是外人很难想到，就是这样一个普通的小村子，在10多年前曾经轰动了中国的考古界。

柳孜唐遗址发掘现场

1999年春夏之交，一条正在修建的公路要从柳孜村穿过，在施工人员对一栋民房的拆除过程中，从地基下面挖出了大量人工痕迹的石材。这一发现引起了当地文物局的重视，经过抢救性挖掘，一座长14.3米，宽9米，高5.5米的石筑台体呈现在了人们面前。而令当地考古工作者更为兴奋的是，就在它附近又发现了8条唐代沉船和大量瓷器。

淮北市濉溪县文物管理所副所长丁新讲道：“我们来看我们发现的一个断面，从这个断面我们可以看到这个文化层，唐代的文化层，文化层上的文物非常丰富，有瓷器、有骨器，瓷器有邢窑的、坪窑的，很小的范围出土了可复原的文物有400多件。”

对于这座庞大的石筑台体，当时的专家们推测很可能是一个码头，而这条已经消失的河道应该就是1000多年前隋炀帝所开凿的隋唐大运河了。一直困扰学术界的关于隋唐大运河走向之谜就此破解。

在柳孜运河遗址未被发现前，国内考古界对于隋唐大运河通济渠一段的走向一直争论不休，一种观点是经宁陵、考城、宋城、宋邱、虞城、萧县、徐州汇入泗水的北

淮北市隋唐大运河博物馆柳孜码头遗址还原展厅

线说，另一个是经宁陵、宋城、虞城、谷熟、永城、临涣、甬桥、虹县至泗州的南线说。而柳孜运河遗址正好处于南线上，由此最终确定了通济渠的真正走向。

在如今的淮北市隋唐大运河博物馆内，专门有一个展厅对当年柳孜运河码头遗址进行了还原再现。博物馆前馆长王红五一直没有停止过对柳孜码头遗址的研究。

淮北隋唐大运河博物馆原馆长王红五讲道："这种淮北舵历史上有记载，但是没有实物，它是中国摇橹的这种舵，像国外使用的是垂直升降舵转变的一种形式，（但）这种舵（淮北舵）尾翼很大，它在掌握方向上效果比较好，因为在隋唐大运河通济渠这一段上水拉纤，下水顺风顺水，所以它基本上不需要人工摇橹增加它的动力，所以这种舵主要起到掌握方向的作用。那么这个舵在前面还有几个挡位，可以根据你的需要来进行调节。过去没有见到实物，在柳孜遗址考古发掘的时候发现了这种实物。因为第一次发现，所以把它命名为淮北舵。"

淮北舵船残骸

在王红五看来，1999 年柳孜运河码头遗址的发现仅仅是揭开了隋唐大运河神秘面纱的一角，而更大的秘密一定还沉睡于地下的某个角落。在等待了 13

年后，柳孜运河码头遗址的二次挖掘工作终于在 2012 年启动了。随着土层被一点点地清理出来，更多的惊喜呈现在了大家面前。

淮北市濉溪县文物管理所副所长丁新在讲解当时发达的水运

淮北市濉溪县文物管理所副所长丁新回忆说：“在我们发掘过程中发现了好多不规则三角形的石锚。从材质上分为北方石锚和南方石锚。南方石锚表面又穿孔，含铁量比较高，北方石锚有棱角。我们这次在河底一小部分就发现了 100 多块，由此可以看出南来北往的船只很多，当时的交流也比较繁华，也说明了宋代这段时期水运非常发达。”

新的发现令工作人员兴奋不已，已经消失的隋唐大运河似乎正逐渐地变得清晰起来，发掘工作继续推进着，究竟在未知的土层下面还隐藏着多少关于隋唐大运河的秘密。很快，惊喜再次出现。

丁新讲道：“对面是我们 1999 年发现的石筑台体，当时专家命名为宋代的一处码头，2012 年我们第二次考古发掘，在对面又同样发现了一处石筑台体，它的规格大小与对岸相互对应。”

《清明上河图》中的虹桥可作为柳孜镇古桥的依据

相同石筑构建的出现令考古专家既惊喜又有些迷惑，在河道两岸相同的地点出现两座码头，这是否符合当时的真实情况呢？不同的声音提了出来，一般情况下，运河码头亲水的一侧都会修成阶梯状，以保证水位涨落时方便船只的停靠，而柳孜的石筑台体在亲水面却是垂直建造的。经过专家们的反复推论，一个新的观点被提了出来，这两座石筑台体很可能是宋代时期一座桥的桥墩。对于这一说法，王红五翻阅了大量史料，最终找到了有力的证据。

王红五说："根据史料记载，北宋时期有一个日本僧人成寻在《参天台、五台山记》的日记中记述的，自宿州溯汴河至柳孜驿、柳孜镇'有大桥'。"

对于曾经架设于柳孜镇的那座古桥，专家们在《清明上河图》中找到了更为翔实的依据，他们推断，柳孜的这座桥很可能就是画中虹桥的模样。北宋画家张择端所绘制的《清明上河图》，展现的是京城汴梁城外通济渠两岸的繁荣景象，而柳孜作为当年通济渠上的一个集镇，其繁华程度可以想象，透过这幅画作，我们似乎又看到了柳孜运河上漕船如织的繁忙景象，店铺林立的贸易盛况。

大运河美景

宁波的三岔口上，杨森的航运生意仍然在继续着。而在1000多公里外的天津三岔河口，谦祥益每晚的相声演出依然火爆；扬州邵伯的码头上，人们又开始了一天的劳作；镇江西津渡热闹的古街上，张向东仍然陶醉于幽幽的古曲中；安徽淮北柳孜村里，村民们期盼着大运河带给他们的再次复兴。延续了千年的大运河造就了无数的码头，它们仿佛是一扇扇窗口，透过它我们可以看见一段段或激情澎湃、或委婉动人的历史画卷，透过它可以看见历史沧桑、文化流变。

第四章　会馆和它们的主人

京师会馆

12 月的京城一片素色，寒意渐浓。但是在位于西城区的北京湖广会馆内却热闹非凡。今天这里正上演的剧目是《霸王别姬》，当铿锵的锣鼓声在这座已有百年历史的戏楼内响起时，时光仿佛又倒流回了 200 多年前的大清王朝。

当中华文明的历史进程进入到封建社会的最后两个王朝时，在中国大运河沿岸出现了一种全新的社会组织形式——会馆。这种完全由民众自发形成的团体在大运河的滋养下由弱转强，并最终成长为那一时期可以左右国家经济的一股社会力量。但是，当大运河逐渐衰落下来之后，会馆以及他们的主人同样陷入了困境。借助他们的这段兴衰沉浮，那段历史可以带给我们今人以怎样的启迪呢。

北京湖广会馆今景

今天，在大运河沿岸，许多城市都拥有会馆。北京湖广会馆是目前北京城内保存较好的一座会馆，除此之外，在南城的一些胡同内还零星散落着为数不多的几座会馆，如绍兴会馆、安徽会馆、湖南会馆。而京城会馆在史籍中却是另外一番景象。

明成祖朱棣像

“数十年来，各省争建会馆，甚至大县亦建一馆，以至外城房屋基地价值昂贵”《水槽清暇录》是清乾隆年间在京师担任工部都水清吏司郎中的汪启淑撰写的一本见闻随笔，从他的描述中我们不难窥探出200多年前京城内会馆的数量和规模。

追溯京城会馆的出现和兴起，一位中国古代帝王是绕不过去的。

公元1421年，明成祖朱棣携妻妾、宫女、侍卫等一众人马离开了都城南京，他们沿京杭大运河一路北上，最终抵达了大运河最北端的京师。在这里，一座崭新的宫殿群正等待着这位皇帝的入住。当然追随朱棣迁都北上的不仅仅是家眷，还包括众多的文武大臣。对于这些来自南方的官员而言，水土气候的差异，生活习惯的改变，特别是与故乡空间距离的拉大，使得他们思乡之情渐生。于是每当节庆之时，很多同乡官员便会聚集在一起话乡音，叙乡情。而当这种联谊越发频繁后，一个固定的聚会场所便出现了，这就是会馆的前身。

京城第一座会馆芜湖会馆
诞生在长巷三条胡同

如今前门一带依然保留着一些老街巷，与相隔不远的前门大街相比，长巷三条胡同略显寂静落寞。不过京城的第一座会馆就诞生于这里。

“京师芜湖会馆在前门外长巷上三条胡同。明永乐间邑人俞谟捐资购屋数椽并基地一块创

中国文物学会会馆分会副会长霍建庆介绍明清时期的北京会馆

建。”这段出自《芜湖县志》的文字是目前国内有关会馆的最早记述。文中所提及的芜湖人余谟就是一位跟随明成祖朱棣由南京迁到北京的官员，他在京师担任工部主事期间，买下了长巷三条胡同内的数座房产作为芜湖同乡聚会之地。

霍建庆，中国文物学会会馆分会副会长，他对明清时期北京会馆的形成和发展曾进行过深入的研究。

霍建庆回忆说：“北京近500所会馆大都在南城，宣武门和前门往南这一片腹地，内城文化是皇家文化，是满人的文化，过去不是叫满汉分居吗，您是汉人，不管做多大的官，你也要住在南城，得住在城外面，夜里面不能在内城过夜。”

在朱棣迁都北京后，任职于京师的南方各省官员对修建会馆投入了极大的热情，在众多的会馆中，湖广会馆就是一个典型代表。

霍建庆感慨地说：“想当年承建湖广会馆的人都是在朝廷里做官的，一个是清朝的体仁阁大学士刘权之，他是湖南人，还有一位顺天府尹，叫李钧简，他是湖北黄冈人士，所以一个是大学士，一个是顺天府尹，这两个人共同出资，兴建的这个会馆的规模可想而知。”

由于明清时期，湖南和湖北两省在建制上同属于湖广省，因此由这两位朝中大臣出资修建的会馆最终以湖广命名。建成后的湖广会馆在当时的京城内称得上是一处高档会所，出入其中的多为高官名流。

湖广会馆文昌阁

随着政治中心的北移，北京对粮食、物资

的需求不断增大，而贯通南北的大运河成为了最为重要的输送大通道。不过，借助大运河北上的不仅仅是南方的物产，还包括移民。北京作为当时中国的政治中心，吸引来了大批的南方人士，而京城内的各地会馆便成为了这些外省人的第一个投奔地。

霍建庆讲解：“北京湖广会馆还有一个功能就是欢宴唱酬，就是酬宾，比方说两湖的人士到北京来，走亲访友，来见家乡的父老来了，那么北京的这些当官的就会款待他们。”

在现如今的湖广会馆内，有两座建筑最为气派，一座是戏楼，另一座则是文昌阁了。如果说戏楼作为联乡谊，听乡戏的场所有必要精心修建一番的话，那么如此费心地建造一座文昌阁又是为什么呢?

霍建庆解释说：“在过去会馆都有文昌阁，文昌阁干什么用的呢?它里面过去供的是文昌帝君，这个文昌帝君就是取一个吉祥意思，就是保佑你金榜题名。”

在封建社会统治中国的1000多年时间里，科举考试制度一直是出身贫寒的百姓改变命运的唯一途径。只有在经历了十年寒窗以及层层考试后，才有可能获得进京赶考的机会。当明成祖将都城由南京迁到北京后，南方学子千里迢迢赴京赶考更为不易，于是京城内的地方会馆便承担起了接待考生的责任。在湖广会馆成立的207年里面，从湖广会馆通过科举制的考试得取功名的考生就有100多位。

作为明清两朝的都城，出现在京师的地方会馆大多成为了在京官员联络乡谊，接待乡人，服务学子的场所。而在京杭运河的另一端，那里的会馆却呈现出了别样的一种不同面貌。

苏州山塘街会馆

苏州山塘街密布会馆

“南廒在苏州阊门外，为水陆冲要之区，凡南北舟车，外泽商贩，莫不毕集于此。其各省大贾，自为居停，亦曰会馆，极壮丽之观。”这是清乾隆年间，浙江巡抚纳兰常安眼中的山塘街，令这

聊城山陕会馆

位巡抚惊讶的不仅是山塘街上繁荣的贸易景象，更让他为之感叹的是那一座座由各省商贾出资修建的会馆了。在他看来，这些会馆的规模气势毫不逊色于京城里那些由官绅所修建的会馆。究竟那时的商人会馆会有多气派，能让一位来自京师的官员如此惊叹呢？

由苏州城沿运河北上 800 多公里后，一座矗立于古运河岸边的山陕会馆也许可以回答这个疑问。这里是山东聊城东关古运河西岸，这座气势恢宏的清代建筑群，是 200 多年前由山西、陕西两地商人共同出资修建而成的。

如果纳兰常安沿京杭运河游走一番的话，这样的景象还会在很多的运河城镇中见到。一直以来，在封建统治者“重农抑商”的经济政策下，商人群体一直受到排挤，社会地位甚至远低于农民。而明清时期，众多商人会馆如此高调地出现在运河沿岸，这不免令人感到有些费解？

答案依然离不开大运河。

明朝迁都北京后，朝廷每年都要花费大量白银来维持漕粮的正常运送。为了减轻漕运负担，政府允许漕船夹带一定数量的免税土产货物。就这样，南北方的物资借助大运河开始频繁流通，需求也逐年增大，在巨大利益的吸引下，商人团体加入了进来，一条运河经济带就此形成。各地的商人为了维护自身的利益，纷纷以地域为纽带组成商帮，并集资修建会馆作为议事交易的场所。很快，一座座商帮会馆出现在了大运河的两岸。

聊城，明代称之“东昌府”。由于紧邻京杭大运河，逐渐成为当时运河沿岸九大商埠之一，被誉为“江北一都会”。全国各地的商帮借助便利的水运聚集于此。在曾经的东关运河沿岸，矗立着山陕、江西、苏州、赣江、武林等八大会馆，其中财力最为雄厚的要数来自山西的晋商了。

清乾隆八年，在聊城经商的山西商人联合陕西商人共同买下了当时运河边上最为繁华的一处地段，他们要在这里修建一座可供他们聚会议事、联络乡谊的场所。对于这项工程的花费似乎并不是这些商人们所考虑的，他们只在乎使用的建材是否来自自己的家乡。在当时交通运输还不太便利的年代，陕西终南山的木料、山西汾阳的工匠从五百多公里外源源不断地运送过来。经过 4 年的精心营造，由山门、正殿、戏楼所组成的雄伟建筑群出现在了聊城运河岸边。

山陕会馆内雄伟建筑群

山陕商人似乎并不满足于此，在随后的70多年里，这座会馆一直没有停止过扩建，直到嘉庆十四年，最终形成了一座长 77 米，宽 43 米，占地面积达 3311 平方米的庞大建筑群。

自由摄影师荣浪行走全国寻找晋商会馆

这座庞大的建筑群同样也引起了一位山西青年的极大关注。荣浪，自由摄影师。2004 年，他独自一人背上相机到全国各地去寻找晋商会馆。

荣浪说道：“我是山西人，当读到那些介绍晋商如何驰骋商海 500 年，货通天下，汇通天下的时候我很好奇。渐渐地就萌发了一个想法，我觉得我想去走一遍，我想看一看这个全国各地还有多少山西会馆，然后他们的保护状况是一个什么样子，然后有可能的话我把它拍下来。”

当荣浪踏上这条寻访之路的时候，他并没有意识到，这条路线几乎与京杭大运河重叠。当他第一次来到聊城山陕会馆门前时，眼前的这座清代建筑带给了他很大的触动。

荣浪回忆说：“在聊城山陕会馆大殿前面有两座狮子，这两座狮子的耗材其实是 600 多两（白银），匠人是从山西汾阳请过来的，在当时 200 多年以前你想想山西汾阳到山东聊城坐车还要一两个月，这么颇费周折的从山西请一个匠人过来，所以从大殿的这个狮子里面你也能看出当时晋商的财力。”

东昌府木板年画并非诞生于聊城本地

沿着运河来到聊城的不仅有商人，还有手工匠人。明朝初年，掌握有精湛木刻手艺的山西匠人随移民大潮来到聊城后，这里的刻书业迅速发展起来。

作为一位从教三十多年的美术教育工作者，聊城大学美术学院张宪昌教授对自己家乡这门民间艺

关公是晋商信奉的神灵

术的关注与研究也持续了30多年。他发现，东昌府木板年画并非诞生于聊城本地。

张宪昌讲道："应该说，东昌府的年画与明代的移民有关，这地方大部分都是从山西迁过来，那民众的风俗习惯也是从山西移到这来，刻书业的工匠可能也是从山西一块过来的。"

由山西商人创办的书业德是清代聊城规模最大的书庄。而东昌府木板年画正是从刻书业中衍生出来的。借助便利的运河水运，由这里刻印的书籍、年画远播到大江南北。当然，山西商人在聊城的生意不仅仅局限于办书庄，票行、盐行、茶行等无一例外都能看到他们的身影。晋商迅速成为了当时聊城首屈一指的商帮。在这一过程中，他们所秉承的经商理念也是成就晋商的一个重要原因。

在所有晋商会馆内都会祭拜着一尊关公像，山西人信奉关羽，并将他的品格作为自己行商做事的准则。

荣浪讲道："关公是山西人，关公的品质就是'忠义仁勇'，要忠守承诺，要讲诚信，这样的话才可以持久，山西人其实也是希望寄托于这样一个神灵让大家对自己的行为举止有约束。"

晋商凭借坚韧的毅力、吃苦耐劳的精神，以及诚信的经商理念积累下了雄厚的财力，并成长为大运河上的一支强大商帮，尽管他们发端于北方，但是借助大运河，他们的势力一路延伸到了南方。不过晋商们没有想到，就在那里他们遭遇到了一个强劲的对手。

扬州会馆

扬州，与中国大运河同龄的城市。一座颇有气势的岭南会馆隐藏在老城区寂静的街巷深处。从岭南会馆向东走过几条巷口，还可以看到一座湖南会馆。这就是目前扬州现存比较完好的两座会馆遗址了。与如今这里的落寞景象形成强烈对比的是，就在500多年前的明代，这里也曾出现过包括山陕会馆、安徽会馆、江西会馆在内的一个庞大会馆群。在这些会馆中，一群来自天南海北的商人操着各自的方言在热切地讨论着同一种商品——盐。

明清两代，中国出现了三个腰缠万贯的富商集团，一个是山西的票商，一个是广东的洋商，还有一个就是两淮的盐商，两淮盐商指的正是在扬州经营盐业贸易的商帮总称。

扬州岭南会馆

扬州文化学者韦明铧讲道："第一批到扬州淘金的商人是来自山西和陕西的大地主，他们构成了最早的扬州盐商，这个情况大概延续到明代的后期，情况发生了变化，徽州人来到扬州以后很快从数量上和财富上就赶上了先期到达的晋商和秦商，所以扬州盐商几乎一半天下都被徽商占领了。"

曾经叱咤一方的山西商人为什么会在扬州败给了徽州商人，究竟这个徽商群体有着怎样的经商秘诀呢?

扬州文化学者韦明铧讲解
扬州盐商的变迁

湖南会馆再往东不远就是曾经安徽会馆的所在地，不过如今已经消失在了低矮的民居中。离这里不远的扬州东圈门历史街区内，却还保存着一座占地面积达3000平方米的清代盐商住宅，它的主人就是一位来自徽州的商人汪竹铭。

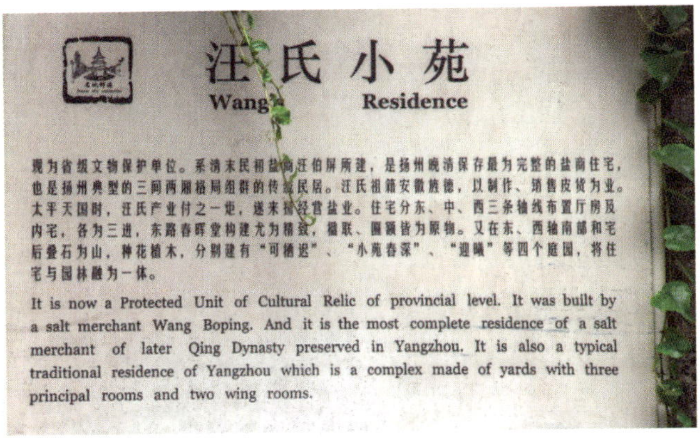

徽商汪竹铭家族住宅的介绍

汪氏家族原本经营布庄，之后转做盐业生意，从此家业大旺，因此修建了这座宅院。今天人们已经无法知晓汪竹铭为了修建它究竟花费了多少银子，但是从整座宅邸布局、装饰上不难推算出，那绝对不是个小数目。

为什么这位来自徽州的商人仅仅凭借盐业生意就能在短时间里聚积起如此雄厚财力的呢？坐落于扬州国庆北路上的一座明清建筑也许能够回答这个问题。两淮盐运使司衙署，是明清时期管辖两淮盐业的专属机构。当时的明朝政府对食盐的生产和销售有着严格的管理，私人不可随意贩卖。政府在全国划分出 11 个区域，各区域所产之盐只能在指定地区销售。而扬州所在的两淮盐区涵盖了包括江苏、安徽、河南、江西等 6 个省份在内的巨大市场。

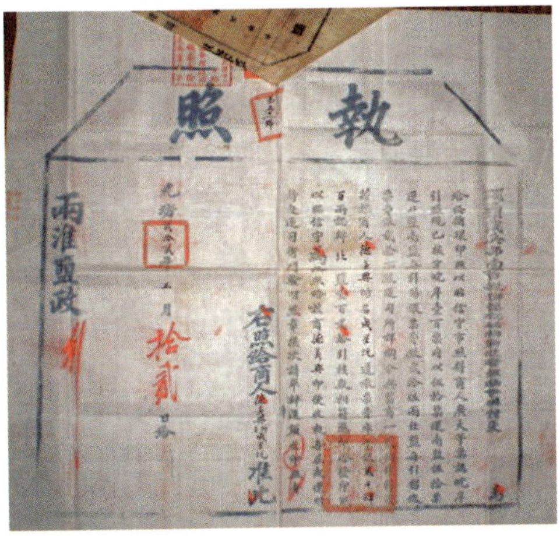

两淮盐运使司衙署颁发的“重盐执照”

在如今的扬州博物馆内，保存着一张由两淮盐运使司衙署颁发的“重盐执照”。当年的盐商就是凭借它获取到了两淮地区经营盐业的特权。在众多商帮中，徽商尤其受到掌管盐业官员的青睐。

韦明铧说：“徽商有了钱以后他会改变自己的生活，他要造园林，同时他也把自己的居住环境和自己的文化消费当作一种攻关的手段，因为当他要和一个社会上的精英阶层，官僚，甚至是皇上进行交往

扬州园林属于私家园林，别具风格

的时候，假如你没有一点文化的品位的话你很难和他们说得上话。”

古时的徽商是指来自安徽南部旧徽州府的商客。两宋时期，大批北方士族被迫南下隐居于此，他们推崇儒学，喜爱读书。但是由于徽州山多地少，所产粮食无法自给自足，于是出外经商是唯一出路。在氤氲儒学的氛围中成长起来的徽商，有着很高的文化素养，因此逐渐受到了盐业官员的青睐。

韦明铧继续谈到：“那么在这个情况下，山西人和陕西人那就不一样了，那些人尽管也是腰缠万贯，但是他们从来不把这些财富用于文化的消费，他们依然保持着从乡村来的土财主的习气，这样就使他们很难在扬州这样一座很时尚的，很文化的，精英阶层特别多的城市里面站住脚，他们很快就把自己的一份利益让给了徽商。”

如今的扬州城在长江三角洲城市圈中并不出众，当年繁华大都市的踪迹已经很难再寻觅到。整座城市给人感受最深的是它悠闲恬静的生活节奏，以及到处充满的文化氛围。淮扬菜、瘦西湖、私家园林、“扬州八怪”构成了如今扬州的城市名片。在韦明铧看来，这张文化名片与当年的徽商有着密不可分的联系。

扬州东关街“千秋粉黛”戏曲演出展示着明清时期扬州城缤纷的夜生活

韦明铧对徽商研究很深：“他们首先要讲究吃，把全国最好的厨师招到自己的门下，就可以做各种各样的好菜。

再比如说他住的环境，因为徽州这个地方是很美丽的，有真正的山有真正的水，那么他们到了扬州以后呢他自然会想念自己的家乡，所以他想在自己有限的庭院之中能够建起假山假水来，使他能够回想到自己的故乡，安抚自己的思想之情。”

每天晚上，位于扬州东关街的一座私家园林内，一场名为“千秋粉黛夜花园”的演出为外地游客们展现着明清时期扬州城夜生活的缤纷景象。对于那时腰缠万贯的徽商而言，仅仅吃遍人间美味，住进园林庭院还并不足够，他们又开始追求精神上的享受。

韦明铧说：“他可以养戏班子，他不但把自己家乡的戏班子，而且把当时在全国最高雅的戏曲——昆曲从苏州吸引到扬州来，甚至在扬州集中了明末清初苏州城里最好的昆剧演员，养在自己家里面。”

也许那时候富足的徽商并没有想到，自己在生活上的奢华追求会给扬州城留下一笔珍贵的文化遗产。不过在韦明铧看来，徽商并非只求享乐，他们在享受物质生活的同时，内心深处也潜藏着对文化的敬重与追求。“贾为厚利，儒为名高。”在这种价值取向下，徽商结交儒林，热心向学。

在如今扬州老城区东关街附近，同样保存着一座清代大盐商的私家园林，它的主人黄至筠曾任两淮盐业商总。在这座以竹子为特色的园林中，一座名为“丛书楼”二层木制小楼曾在清代扬州文人心中有着极高的地位。不过，它最初的主人并不是黄至筠，而是清代另一户大盐商马曰管和马曰璐两兄弟。马氏兄弟祖籍徽州祁门，作为徽商，马氏家族同样秉承着尊儒重道的家风，受此影响，马氏兄弟不仅热心向学，更乐于结交文人雅士。凭借在盐业上积累下来的雄厚财力，马曰管和马曰璐对贫苦文士出资相助，甚至将其供

在清代扬州文人心中地位极高的丛书楼

养于家中，任凭他们专心治学。其中扬州学派中的很多文人都与马氏兄弟有着紧密地往来。

清道光十二年，政府开始改革盐制，以徽商为首的两淮盐商就此衰落，曾经富庶繁华的扬州城也随之风光不再。

宁波三江口会馆

由扬州继续向南，经浙东运河便可到达宁波了。曾经晋商和徽商的足迹也到过这里。清代中叶，运河经济达到了空前繁荣，以地域为纽带的商帮会馆已经无法满足商品经济的发展需求，行业会馆开始出现。位于三江口东岸的庆安会馆就是很好的见证。

自古以来，宁波三江口始终是一个极其优良的出海港口。在唐宋元时期，“海外杂国、贾船交至”，宁波成为当时全国著名的对外贸易港。大运河沿岸的物产经由这里走向了世界，同时世界各地的商品也由此进入了中国腹地。借助宁波，大运河有了更为广阔的延伸。

宁波三江口不仅助力了大运河的兴盛，同时也在大运河走向衰落时，主动承担起了运河曾经的使命，那就是漕粮北运。

宁波三江口夜景

庆安会馆祭堂供奉天后妈祖

清咸丰三年，历经三年修建的庆安会馆正式落成。与大运河上的其他商帮会馆有所不同的是，它是由宁波本地专做北方航运贸易的船商共同出资修建的。也就是说，这是一座行业性质的会馆。在庆安会馆内，专门设有一间“公行先生”室，能在这里办公的并非一般之人，会馆会以高薪聘请当地极具威望的缙绅担任总办，并专职联络官府与其搞好关系，以保本行商户不受外人欺负，同时谋求业务合作。

就在庆安会馆建成的这一年，一单来自清政府的生意找到了这里，一批南方漕粮希望借助海路运往北京。清政府为什么不再选择京杭运河呢？

清中叶以后，京杭运河巨额的维护费用以及无法控制的自然灾害使得大运河航运能力逐年下降，漕粮北运开始受到了影响。在这种情况下，清政府决定尝试一下风险较高的海运。

对于这笔生意，庆安会馆的船商们似乎并不担心，他们常年往返于宁波和天津之间，对这条航线十分熟悉。很快，一支由130多艘海船组成的漕粮船队从三江口出发了，他们沿海岸线一路北上，经过30多天的航程最终安全抵达了天津港。这次漕粮海运的成功受到了清政府的极大信任，在随后的几年时间里，庆安会馆的船商们成为了漕粮北运的重要力量。

与运河上的很多商帮会馆一样，庆安会馆内也设有祭堂。而这里供奉的是天后妈祖。妈祖信仰源自福建，最早由福建商人带入宁波。由于妈祖被奉为海神，由此成为了船商们集体祭拜的保护神。在漕粮海运的最北端天津三岔河口，同样建有一座妈祖

宁波三江口北岸欧式建筑群

庙，这无疑是漕粮海运的最佳见证。不过让人意想不到的是，在京杭运河所流经的江苏省泗阳县，也有着祭拜妈祖的习俗，而且已有 300 多年的历史了。为什么这样一个具有海洋文化特征的保护神会出现在内陆地区呢？

流经此地的运河水或许可以回答这个问题，贯通南北的大运河不仅是一条传播财富的河流，同时也让不同地域的文化得以融合。

在如今宁波三江口北岸，一片欧式建筑群与一江之隔的庆安会馆形成了鲜明的对比。1842 年鸦片战争后，清政府签订的《南京条约》将包括宁波在内的五个沿海城市辟为通商口岸。清王朝的衰败让大运河最终退出了历史的舞台，曾经风光无限的运河经济带逐渐黯淡了下来，运河沿岸的众多商帮会馆也不见了往日的喧闹。在那个风雨变革的动荡年代，一股新生的力量在北京的会馆中酝酿开来。

2014 年 12 月，随着北京地铁 7 号线开通时间的临近，中央美术学院教师孙韬为虎坊桥地铁站创作的这幅壁画也进入到了收尾阶段。作为虎坊桥一带的地标性建筑，湖广会馆成为了这幅壁画的主题。对于这座有着 240

北京地铁 7 号线虎坊桥站壁画

多年历史的建筑，孙韬将它的时间凝固在了风云激荡的近代中国。

孙韬讲道：“因为我在收集历史资料时，了解到在 100 多年前，很多进步思想就是从会馆里萌发、讨论后产生了，很多革命先驱更是通过会馆将革思想传播出去的。所以我就想在这幅作品中把这段历史表现出来。”

20 世纪初，在进步人士的力争下，清政府最终废除了延续 1300 多年的科举考试制度，北京南城的众多地方会馆也结束了其试馆功能。尽管如此，很多进京求学者依然会投奔于本地会馆。这就使得北京的会馆成为了进步思想的诞生地。

在孙韬的这幅壁画中，有一部分表现的是几位文人志士在会馆内热烈讨论的情景。而这也恰恰是 100 多年前北京南城众多会馆的真实写照。在历史的变革发进程中，会馆再次以一种全新的姿态屹立于大时代中。

从明代初期出现于京师的官绅会馆作为发端，会馆借助大运河延伸到了全国各地。会馆是一面镜子，它不仅见证了运河经济的兴衰沉浮，同时也映射出时代前进的轨迹。

运河美景

第五章　南腔北调

北京什刹海附近的一个小胡同里有一个小剧场，年轻人为主创作的昆曲折子戏曾在此上演。

什刹海（后海）拥有着独特景色与文化

演的和看的大都是年轻人，在灯光摇曳的夜晚，在大街仍很嘈杂的喧闹声中，他们在静静地享受着一场艺术盛宴。

800多年前，同样在后海这片热闹之地，中国古代戏曲创作的代表人物，位于“元曲四大家”之首的杂剧作家关汉卿的戏剧就经常在这里上演。

关汉卿是元代杂剧的奠基人，也是我国戏剧史上最早的现实主义戏剧家。代表作有《窦娥冤》《望江亭》《救风尘》等，他的现实主义创作方法，表现人民疾苦，揭露社会黑暗的创作道路，是后来进步作家所遵循的典范，影响极为深远。

元大都，今天的北京，是元杂剧曾经发展兴盛的地区。元杂剧的领袖人物关汉卿的代表作以及同时期剧作家的代表作都曾在这里上演过。

京杭运河开通后，大批北方人沿运河南下，关汉卿也是从这里渡船沿着京杭大运河一路南下。他的戏曲也随着他一起来到了当时的南方戏曲中心杭州。

江浙地区是中国戏曲极为重要的发祥地，特别是杭州，这里戏剧品种繁多。元初，南宋政权的建立，以及京杭大运河、浙东运河繁忙的运输对元杂剧创作中心南移的影响很大。

关汉卿是我国戏剧史上最早的现实主义戏剧家

元代中叶以后，来自北方的关汉卿、马致远等人陆续退出杂剧舞台，取而代之的是生活在南方的剧作家。元杂剧的南移，对中国戏曲艺术产生了重要影响。使得江南地区成为当时中国文化艺术的中心区域。

大运河的便利交通以及由此带来的富裕经济保障，两岸富庶之地还有很多的文人雅士，他们编曲写词促进了戏曲艺术的发展。他们也都视关汉卿为梨园界的领袖，有的剧作家还以被别人称作“小汉卿”“蛮子汉卿”为荣。

大运河的南北交流贯通，方便了戏剧家们南下北上，从而给中国戏曲艺术的发展带来了深远影响。

扬州、南京、苏州、杭州在历史上都是戏曲繁荣发展的重要城市；戏曲艺术交流融汇频繁，京腔、梆子腔、柳子腔、昆山腔以及一些地方小戏都在这里交流融合，乃至形成新的种类。

昆曲

初夏雨中的苏州山塘街，来自四面八方的游客真正体验了雨中江南的味道。一些未必听得懂吴侬软语的北方游客还是饶有兴趣地前往观看。

昆山腔是明初四大声腔之一，起初流行于苏州一带，后以大运河沿岸江南城市

昆山腔戏剧演出现场

大运河的南北交流贯通，为中国戏曲艺术带来深远影响

为中心，沿河次第向北向南向西拓展，其后传播范围慢慢扩展至全国。并很快压倒当时流行的弋阳、海盐诸声腔，独占歌台舞场。稍后，运河沿岸的大都市扬州成为昆山腔活动的主要阵地。不久，运河周边的南京成为继苏州后的另一个昆曲中心。

在昆曲的发展过程中，一个江西流浪客居江苏太仓南码头叫魏良辅的人，潜心研究改良昆曲，为嘉靖年间杰出的戏曲音乐家、戏曲革新家，昆曲（南曲）始祖。对昆山腔的艺术发展有突出贡献，被后人奉为“昆曲之祖”、更有“曲圣”之称。

昆山腔依靠大运河得以迅速传播，出现了“四方歌者，独宗吴门”的繁荣景象，

演员周好璐的爷爷周传瑛是昆曲发展中的一位关键人物

在流入各地后又与各地的方言和民间音乐结合，“声各小变，腔调略同”，衍生出众多的昆腔流派，如：徽昆、浙昆、湘昆等，形成了我们今天看到的丰富多彩的昆腔系统。

昆山腔大约在万历年间传至北京，产生了北昆这一流派。

昆曲被称为百花园中的一朵“兰花”，有“中国戏曲之母”的雅称。明朝中叶至清代中叶戏曲中影响最大的声腔剧种，很多剧种都是在昆剧的基础上发展起来的，昆剧是中国戏曲史上具有最完整表演体系的剧种，在我国文学史、戏曲史、音乐史、舞蹈史上占有重要的地位。

作为世界非物质文化遗产，昆曲的兴盛与当时士大夫的生活情趣、艺术趣味是一脉相承的。而到了清乾隆时期，市民阶层崛起，舒缓、惆怅的风格显然与他们格格不入，即使士大夫们也开始务实起来，昆曲在不受市民青睐的同时，也失去了士大夫阶层这一阵地。于是，昆曲便逐渐走向衰落。到1949年新中国成立以前，全国范围内已没有一个职业昆剧团。

昆曲《牡丹亭》剧照

在舞台上饰演杜丽娘，正深情演绎的是北方昆曲剧院的青年演员周好璐，她出身昆曲世家，爷爷周传瑛是当年一出戏救活一个剧种的代表人物，《十五贯》的主演。

1956 年 1 月，由浙江国风昆苏剧团上演的昆剧《十五贯》在杭州登台亮相。该剧揭露批判了主观臆断和循规蹈矩的官僚作风。1956 年 4 月，《十五贯》晋京演出，立即获得好评。全国随之成立了 6 个昆曲院团。全国大约有 800 人在从事昆曲工作，号称“八百壮士”。

周好璐的爷爷奶奶生前在浙江昆曲剧院，父亲现在江苏昆曲剧院任副院长，她则读完昆曲表演专业的硕士研究生后，留在了北京发展。

京剧

在中国戏曲和大运河共同发展的历史上，运河岸边的一些著名城市、古镇推动了戏曲众多剧种的发展。从元杂剧到南北昆曲的发展，几百年过去了，又一个新的引领风尚的剧种正在大运河附近的里下河地区酝酿。

江苏北部“里下河”地区，泛指扬州附近、大运河以东的高邮、兴化、盐城一带地势低洼的地区。里下河地区的戏曲演出以徽班为主，他们大多以安庆和扬州为中心，巡回演出于长江和运河中下游各城镇码头。

明清时期，两淮盐业在全国盐业中占有举足轻重的地位，盐课的收入，对国家的财政收入至关紧要。清代扬州盐商为全国三大商人集团之一。这些巨额的盐业资本对

清代扬州为全国戏曲中心之一，扬州盐商是推动戏曲发展的关键因素

扬州城市商品经济、文化的繁荣与兴盛，无疑是一种极大的推动力，为扬州为人文荟萃之地，历来对各地的优秀文化能兼收并蓄，加以消化利用。戏曲事业的发展提供了有利的条件。清代扬州为全国戏曲中心之一，其间以乾隆时最盛，一些名优在晋京前都要在此专场演出。

史料记载：乾隆第五次沿大运河南巡时，御舟将至镇江，相距约十余里，“遥望岸上著大桃一枚……俄顷之间，桃开裂，则桃内剧场中峙，中有数百人，方演寿山福海新戏。”场面极为豪大。这些巨额的费用大多来自于扬州的盐商。

扬州瘦西湖旁有一栋高大的古建筑，这是乾隆皇帝特意为他的母亲修建的，在这里，乾隆为其母亲祝寿，并举办戏曲演出。

乾隆的六次南巡刺激了运河沿岸戏曲的发展，特别是在扬州尤为突出。两淮盐务衙门，在盐商的支持下，蓄养花、雅两部戏班以备南巡迎驾之需要，有的盐商家庭戏班也做好了这种迎驾的准备，各地一些著名的角色，以及制曲名家纷纷聚集扬州，扬州一时成为全国重要的戏曲中心。1777 年，两淮巡盐御史伊龄阿奉旨

扬州瘦西湖旁乾隆孝母建筑

古画中描绘的乾隆下江南盛况

于扬州设局修改曲剧，共删编校勘了 1100 多种曲目，历经 4 年。

作为清代全国戏曲中心之一的扬州城，各地戏曲班社纷纷前来演出，南北曲剧名流聚于此。扬州盐商为了迎接乾隆南巡的到来，从各地征集戏曲名家到扬州，遴选剧目。清代中叶，全国各地戏曲先后会演于此，这种交流，无疑对扬州戏曲的发展起了重大推动作用。会演的举办，离不开扬州盐商财力上的支持，也为我国戏曲中的“国粹”——京剧的出现，提供了有利的条件。

扬州之所以成为戏曲艺人聚集之所，两淮盐务衙门官员的爱好与倡导很重要。当时的扬州大商户都出资建有戏班，除了自我欣赏之外，主要是用来交际和扩大盐商自己财团的社会影响。

每年的节庆祭祀或重大活动的时候。两淮盐务衙门负责组织花、雅两部戏班连续几日演出大戏。而实际上，承担具体演出任务的戏班是由盐商组成的“家庭内班”。如江宁织造与两淮巡盐御史曹寅，不仅自备家庭戏班，而且还从事戏曲创作，亲自编写剧目，同时帮助艺人提高文化、演唱水平。

扬州何园水上戏台

如今的山东临清依然是京剧爱好者的乐园

在这一历史背景下，春台班成立了，这个戏班博采秦腔和京腔中的优秀部分，演员既擅京、秦、二簧，又擅昆腔，他们既能扮演雅部戏，又能扮演花部戏。

1790 年，艺人高朗亭率三庆班艺人，为乾隆八十诞辰演出，从扬州运河乘船进入京师。这一次沿运河北上，掀开了戏曲新生婴儿——京剧出生的序幕。

徽班艺人沿运河北上过程中，因为旅途遥远，过闸越坝，一路舟楫劳顿，常常费时很长，徽班就在等待过闸的间隙，为沿途的官商百姓演出。

这是运河岸边的城市、山东临清街头一次普通的京剧戏迷自娱自乐的演出，类似这样的演出，每天都有很多。京剧成为临清人生活中不可或缺的一项重要内容了。临清，也被称为中国京剧之乡。

明朝万历年间的山东临清，是历史上的全盛时期，当时运河漕运兴盛，商业空前繁荣，商税收入成倍增长。临清钞关税收居运河沿岸八大钞关之首，有“繁华压两京”“富庶甲齐郡”之说。

因为运输船队在临清过闸等待时间长，这里是各路进京徽班停留较多的地方，演出也是十分频繁。当地的人接受并且喜欢上他们的演出。至今，在临清，一年四季，无论在广场，在公园、还是在河堤上，你都随处可以听到抑扬顿挫、有板有眼的京剧演唱声和拉弦声，琴弦一响，临清人嗓子就痒。

徽班进京沿运河北上的过程中，就这样沿途洒下后来京剧的种子。

1790 年，先后进京给乾隆祝寿的四大徽班，与京城内活跃的昆曲、汉剧、弋阳、乱弹等剧种经过五六十年的融汇，衍变成为京剧。京剧在 1860 之后，随商旅往来及戏班的流动演出，又很快传播到全国各地。

其后，众多的京剧艺术家、京剧剧目和京剧流派纷纷出现，在北京城大放异彩，并名扬全国。

越剧

同治年间，里下河徽班纷纷沿大运河南下过江至无锡、苏州等地演出，其中一些戏班艺人开始进入上海。同治、道光之后，进入上海的里下河徽班开始与来自北京的京剧会同演出，经“京徽合演”“皮、梆”合演之后，最终和京剧、直隶梆子融合，形成了独具特色的“南派京剧”。

作为 20 世纪著名的京剧麒派的创始人，周信芳就是从淮安沿着运河南下，在上海打拼，终成一代艺术大家。

京剧在上海盛行后，很快就流传到杭州、嘉兴、湖州地区，其流传方式主要是大运河南段的水路班子，即用江南内河航运的乌篷船作交通工具，顺河流在乡镇间作巡回演出。这类“水路戏班”一开始以演昆曲为主，至同、光年间，纷纷改演京剧，最终形成“杭嘉湖水路京班”。

江苏淮安周信芳故居

中国戏曲传统剧目《宇宙锋》剧照

在京剧逐渐成熟并走向全国的过程中，一些地方剧种在发展的过程中主动吸收京剧的表演精华，提高自己的艺术水平。

《宇宙锋》是中国戏曲的传统剧目，是演出上唱作难度很大的一出戏。梅兰芳演出过京剧版、河南豫剧皇后陈素真演出过豫剧版本、汉剧大师陈伯华演出过汉剧，三位艺术大师的《宇宙锋》并称为“宇宙三锋”，代表了这一剧目演出的最高成就。

2014 年，位于黄浦江畔的上海逸夫舞台越音袅袅，由绍兴小百花越剧团全新打造，领衔主演的新编越剧《宇宙锋》首次亮相上海，精彩的演出，受到了广大上海观众和专家的一致好评，能容纳近 800 人的剧场座无虚席，掌声阵阵。

在小百花越剧团绍兴排练场内，中国戏剧梅花奖得主陈飞正和她的同事们排练越剧版的《宇宙锋》

一北一南，几个剧种。时隔几十年，在运河南北两头融汇。

新编越剧《宇宙锋》亮相上海，广受赞誉

绍兴是个水乡，这里也是浙东运河的起点，河湖沟汊遍布，大大小小的乌篷船是当地的主要运输工具，很多来自绍兴乡村田野的民间小戏小歌班演出都是靠船只，沿运河在湖汊乡村集镇穿梭，舞台有时就在船上。

20 世纪 20 年代，小歌班因艺术粗糙简陋，观众寥寥无几。在学习绍兴大班和京剧的表演技巧后，艺术有所提高，艺人相继将剧种改称“绍兴文戏”，吸收京剧的表演程式，向古装大戏发展。剧目则受海派京剧影响，主要编演连台本戏。1925 年

水乡绍兴的小戏班演出有时会在船上进行

9月17日上海《新闻报》演出广告中首以“越剧”称之。

越剧《红楼梦》使得越剧影响力达到了顶峰

改良后的越剧因为其越剧曲调婉转柔美、唱词优雅，深得观众的喜爱，迅速占领了在被运河周边城市围绕的上海大舞台，发展为中国第二大戏曲剧种。

来自运河之乡的越剧一路北上，风靡全国，《红楼梦》一度达到顶峰。其剧中人物的人物林黛玉也是从扬州来到北京的。

越剧开始从绍兴走向全国。至20世纪60年代初，越剧已流布到20多个省市，影响日益扩大，全国专业剧团曾经一度达到280多个。业余剧团更有成千上万，不胜统计。

豫剧

越剧演员司丹丹正在紧张地做着演出前的准备

2014年7月的北京民族文化宫，在舞台的化妆间里面，演员们正在紧张地做演出前的准备，来自中国戏曲学院的一场越剧汇报演出即将上演进行。

有意思的是其中的两个女演员是来自河南

的专业豫剧演员，杨建慧和司丹丹。豫剧演员唱起了越剧，而且是在北京的舞台上。这是怎么回事呢？

来自河南豫剧二团的司丹丹，却要在读完四年越剧本科班之后，从事越剧演出事业，出身豫剧世家的司丹丹为何迷上了越剧呢？

早在一年前，司丹丹就参加了由中央电视台主办的第三届“越女争锋”大赛上，并且获得了学生组第一名。越剧的舞台上以后将要活跃着一位来自河南豫剧世家的女演员。

豫剧名家马金凤代表作《穆桂英挂帅》影响巨大

在她的故乡河南，豫剧是深受百姓喜爱的全国最大的地方剧种。

早在北宋时期，大运河促成了洛阳、开封的发展和繁荣，首都开封的汴京杂剧沿着运河向洛阳传播，比元杂剧还早几百年的汴京杂剧在中国戏曲史上具有特殊地位，它首次被冠以“杂剧”名称，标志着中国戏曲演出开始从歌舞表演和优人戏弄中超越出来，为元代杂剧奠定了基础，也为后来的豫剧形成播下了极其重要的种子。

豫剧形成之后。广泛地影响着古运河沿线的地区，在河北、山东、安徽、江苏等地备受欢迎，是我国最有影响的剧种之一。

在河南古运河的沿线上，先后产生了很多豫剧名家。在运河的源头洛阳，马金凤的代表作《穆桂英挂帅》影响巨大，她演的穆桂英融青衣、武旦、刀马旦等表演程式为一炉，独具匠心地创造了适合剧情人物需要的“帅旦”这个新的艺术行当，成功地塑造了气宇轩昂、雍容大度、巾帼英雄穆桂英的艺术形象。

梅兰芳 1959 年 6 月也将马金凤的《穆桂英挂帅》改编成京剧在北京演出，作为国庆 10 周年献礼节目，成为他去世前最后一部的京剧新编戏。

从古运河边的开封成长起来的豫剧皇后陈素真，以 78 岁高龄编演豫剧版《宇宙锋》，并把它搬上了北方的运河重镇天津的大舞台。坐镇郑州的豫剧大师常香玉和她的《花木兰》更是名满天下。

历史上的隋唐大运河从河南商丘出来，流经安徽北部、苏北一带；元代的京杭大运河又流经鲁南苏北一带，在这片特殊区域内，豫剧、京剧、越剧等全国性的大剧种影响很大，当地的人们也都十分喜爱这些剧种。

柳琴戏

2014 年的 6 月，苏北运河岸边的千年古镇新沂窑湾镇的一处古朴的大院内，一场业余京剧队每周的例行演出正在进行。虽然是业余的京剧团队，但是它的影响不小，经常到周边县城乡镇演出。

作为运河岸边的古镇，窑湾处于京杭大运河的交通要道上，清朝末期曾经因为商业贸易繁华，引来众多商客，会馆云集，被称为小上海。这里的人们思想新潮，感受外来风气之先的同时，接纳、消化、吸收，先后成立了几个剧种的戏班，以京剧为主，在几个戏台上日夜上演。

在窑湾的观众中，除了当地的居民以及来往的商船客户之外，还有一个特殊的群

业余京剧队在窑湾镇演出

窑湾古镇在清末曾被称为“小上海”

体，那就是生活在附近骆马湖上的 4 万从事渔业和停留在码头上跑运输的船民。

这些几年前才定居岸上的水上漂渔民，终年漂泊在水面上，唯一的娱乐方式就是古镇上的戏曲演出。

在苏北、鲁南、皖北一带流行的曲艺种类很多：渔鼓、山东大鼓、琴书等等，这些灵活多样表演方便的艺术形式丰富着人们的生活。虽然外来的剧种为当地人喜爱，但是最能融进当地人文化血液里的还是柳琴戏。

柳琴戏起源于清乾隆年间，距今约二百多年。 它源于苏北的太平歌与猎户腔。

骆马湖上足有 4 万渔民和船民

“太平歌”是农民在收获季节为抒发喜悦之情而创造的一种曲调；“猎户腔”则是当地的猎户在狩猎之余，据当地流行的民歌、号子等，结合当地的山川景色和自然音响，形成的一种曲调。在长时间的职业演艺中，形成了句尾委婉缠绵的拉腔。男唱腔粗犷、爽朗、嘹亮。女唱腔婉转悠扬、丰富多彩、余味无穷。演唱者可以随心所欲地发挥、创造，自由地变化。柳琴戏的表演粗犷朴实，节奏明快，乡土气息浓厚，演员的身段、步法明显带有民间歌舞的特点。

宿迁龙王庙文物管理人员正在自编自演柳琴戏《乾隆杀贪官》

柳琴戏又称“拉魂腔”，意思是能把听的人的魂勾住。柳琴戏就成为这一地区百姓娱乐的主要剧种。

在窑湾的另一处古戏台上，正上演一出柳琴戏的同时，在大运河的南岸，宿迁的龙王庙，也就是当地为乾隆下江南修建的行宫里面，文物管理人员正为游客演出他们自编自演的柳琴戏《乾隆杀贪官》。

他们的领头人物老王，行宫文物馆的退休老馆长，热爱柳琴戏，到处找资金，配置乐器行头，自编自演了多出古装和现代戏，在免费为游客演出的同时，有时还去厂矿乡村演出。

柳琴戏在长期发展过程中吸收了各种姊妹艺术的优点，并与流行地人民群众的生活发生着密切联系，成为一种地域文化的载体。这腔调，让劳作的人们忘记疲劳；这腔调，让失魂落魄的人定下心来；这腔调，让在异域他乡打拼的人听到柳琴戏的拉魂腔调，即便飘行在南北运河的水面上，也仿佛回到故乡的土地上。

天津杨柳青，评剧女演员晗晗正在运河边清唱评剧《闺女大了》

评剧

从宿迁经过台儿庄经大运河一路北上到达天津，天津是运河上的大码头，戏曲曲艺品种特别多，原因就是南来北往的人带来不同的艺术品种，在这里交汇、融合、生长。

评剧是天津人喜爱的剧种之一，天津的戏曲人把来自民间的评剧改造得高雅大气，在富丽堂堂的大剧院上演，这其中就包括新移植过来的评剧版的《宇宙锋》。

各种剧种要想在北京打响，一般都要在北方的戏曲重镇天津接受戏迷的检验。被天津戏迷叫好了，在北京的舞台上自然就大受欢迎。

天津津湾大剧院正在上演天津人喜爱的评剧

不仅是天津城的市民欣赏水平高，就是周边乡镇的百姓也有很高的鉴赏力。

天津到北京之间的运河被称为北运河，评剧

评剧演员新凤霞正在接受天津戏迷的检验

更是北运河沿岸乡村百姓喜爱的剧种。

蓟县，正位于北运河的中间位置。土生土长的剧作家李汉云自幼生活在蓟县的北运河边上，北运河两岸的风土人情，社会变迁，都成为他笔下表现的对象。

作为多次获得国家级大奖的剧作家，李汉云的作品从蓟县乡村演到天津、北京的大舞台上。唯一不变的是，他的作品始终是围绕北运河两岸的人和事展开。

李汉云作为天津评剧院的国家一级编剧，闲暇时喜爱做的就是回到家乡，帮助家

国家一级编剧李汉云的作品始终围绕着北运河两岸展开

乡的民间评剧演出队排排戏，出出主意，和青少年时代一块吹拉弹唱的小伙伴们在一起，感受泥土的气息和北运河水的灵气。

运河沿岸的泥土和水构成砖瓦，沿着运河运往不同的城市，砖瓦搭建起富丽堂皇的宫殿；同样，戏曲本身来自于田野乡村，那声调原始粗犷，各有不同，经过南北文化的调和与滋养，经过更多艺人的揣摩与打造，更优美的腔调便诞生与传播开了。在戏曲千年史上，2000 多年的大运河功不可没。

沿着歌舞笙箫的北京后海，踏进笛声悠扬的南新仓的昆曲剧场，以及北运河、中运河、江南运河等等精美不俗的古老戏台，沿运河抚琴拍曲，一路踏歌而行，直下扬州，直到苏杭，做一次心灵之旅，去感受大运河南北东西时空的韵律之美、腔调之美。

古老的中国大运河，它，促进了古代戏曲的南北交融，它，奠定了运河沿岸百花齐放的戏曲面貌 ，它不仅是中国戏曲水路传播的活化石，更是一条中国艺术发展的文化血脉。

运河美景

第六章 老街深处

大运河在时间的流淌中，形成了两岸缘水而成、应水而生的老街文化。老街的形成，也如同大运河一般，成为增进人类交往和沟通的重要渠道。它们在历史这条时间线上演绎着一个接一个的故事。老街深处的故事由大运河的最南端开始讲起。

绍兴八字桥历史街区

浙江绍兴是桥的故乡，有着上万座桥梁。这条以桥命名的老街，已经有着上千年的历史。

绍兴八字桥老街区

八字桥历史街区地处浙东运河沿岸。在很多人的印象中，京杭大运河就是中国大运河，但实际上，隋唐运河、浙东运河也是中国大运河的组成部分。浙东运河位于中国大运河最南端，西起杭州，途径绍兴，东至宁波甬江入海口。它东西连通运河内河航道与外海，成为古代海上丝绸之路。

浙东运河的知名度尽管不高，但从开凿的那一刻起，它就改变了绍兴的命运。春秋时期，当吴王夫差命人开凿京杭大运河最早的一段人工河邗沟时，越王勾践也决定在绍兴境内挖掘山阴故水道，这也是浙东运河最早开凿的一段。南宋时浙东运河的全线贯通，使得绍兴成为交通发达、经济繁荣的大都会。

绍兴八字桥历史街区正是历史留下的最好证据。街因河生，桥因河建。八字桥始

绍兴八字桥始建于南宋嘉泰年间

建于南宋嘉泰年间，因状如八字而得名。它跨越三条河流，沟通四条街道，巧妙地解决了复杂的水陆交通问题，清晰地记录下中国古代关于连接和跨越的智慧。桥两侧一河两街的格局，也印证了老街曾经的一派繁华。

元代以后，浙东运河远离都城，地位虽有所下降，但仍然被继续沿用。位于八字桥东侧的广宁桥下，曾经是浙东运河上最大的码头之一。

广宁桥下曾是浙东运河最大码头

已快 90 岁的吴柏坤依然坚持着自己一个人在老街生活，外孙女每到周末就会带着小曾外孙来看望老人。

他回忆说："这边是鱼行，这边是蔬菜行。河边的街很热闹，桥下是茶店，锡箔坊。打锡箔的、买菜的都到这里喝茶，这个船相当多，就像我们现在的汽车堵车一样，来来去去，相当热闹。"

八字桥历史街区是至今大运河上保存最为完好的老街之一

方便舒适的现代化生活方式，成为了人们的第一选择。古老的大运河，由于缓慢原始，正在慢慢淡出人们的生活，而河畔的街巷也在随之消失。人类永远不可避免，在留住过往和创造未来之间产生矛盾。绍兴城在填埋了多条水路，保证交通主干道通畅后，八字桥历史街区被幸运地保留下来，成为至今大运河上保存最为完好的老街之一。如今，老街上多是清末到民国初期的建筑。喧闹的城市中，这里依然石板铺路，街河相依，家家枕水，户户枕河，有着城市中少有的慢节奏。

每天傍晚，吴爷爷都会约几位老邻居在八字桥上聊天。他说：“这里虽然潮湿，但是接地气，天气热的时候，有河水风一吹，身上很舒服，凉快，对人有好处。没有河水，南方人不习惯。”

保留了河畔原本模样的老街，让老人们纷纷选择了留下；而正是因为老人们的留下，八字桥历史街区才真正保留下它最原本的模样。

湖州南浔南西街

在湖州南浔南西街的辑里湖丝馆里，徐永艳展示着辑里湖丝的传统制作方法。在一旁讲解的，是她的公公，也是这项技艺的传承人顾明琪老人。

南西街地处南浔古镇，与頔塘故道相连。頔塘故道开凿于西晋时期，与京杭大运

顾明琪老人介绍辑里湖丝的传统制作方法

河相接，是中国大运河一条重要支线。不同于江南水乡的小桥流水，南西街上的建筑大都高堂广厦，一幅江南大宅门的气势。徽派建筑的高墙内，有着浓浓的西风。人们不禁疑问，为何南浔古镇的南西街上如此与众不同？

几百年前，一种特殊的商品，通过流动的运河让这条街登峰造极，它就是湖丝。

桑蚕起源于中国，早在四五千年前，栽桑养蚕就成为我们祖先生活中的一件大事。蚕丝的真正故乡一直被人们所遗忘，它就是湖州。

养蚕人顾明琪回忆说：“以前我们这个地方家家户户都有蚕，养蚕为主要的经济

南浔古镇的南西街

来源。不比现在，只有年纪大的人在家里养一点蚕。”

养蚕人顾明琪正在查看桑蚕

蚕从卵到开始吐丝，顾明琪要精心照顾一个月的时间。筑茧前是最忙的时候，顾明琪把儿子、儿媳都叫来帮忙。

经过一代代蚕农的不断改进，到明代中期，湖州的桑蚕业已经发展到极其成熟的阶段，蚕丝中的极品“辑里湖丝”也就此诞生。辑里湖丝因韧性好、颜色白亮，受到当地人的欢迎。湖州南浔也因辑里湖丝，开启了它的运河时代。

明清时期，通过大运河，辑里湖丝大量输送到苏杭等地，用于皇宫龙袍凤衣的制作。清末民初时期，大批辑里湖丝经頔塘故道河埠码头运往上海，再由上海运往世界各地。曾经南西街上的丝行埭是蚕丝交易最热闹的地方。

辑里湖丝的外销，使得南浔丝商赚到了第一桶金。现实让人们意识到，创造财富的不仅仅是土地，流通和贸易一样是财富的来源。从农业文明到商业文明，从小农经

南西街今景

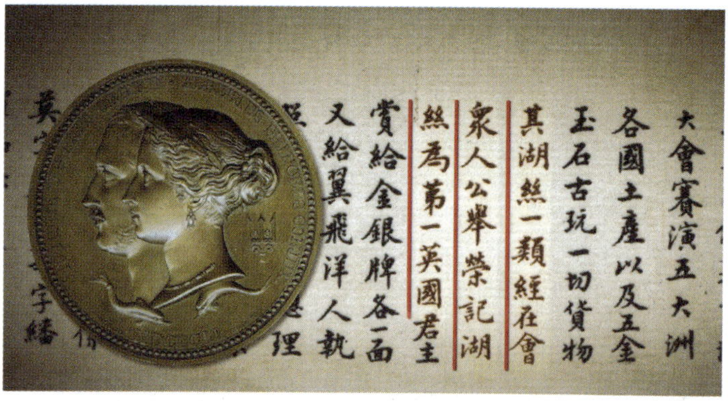

辑里湖丝获得世博会金银大奖

济到市场经济，这个古老国家的变革，即将从大运河开始。

公元 1851 年，辑里湖丝一举获得首届伦敦世博会金银大奖，成为中国首个获得国际大奖的民族品牌。公元 1913 年，辑里丝占同年上海口岸生丝出口比例的 44.1%。

运河在给这个小镇带来财富的同时，也将西方的建筑风格和文化思想带到小镇，南浔也成为中国近代史上最早走向世界的城镇之一。

随着科技发展和蚕丝市场需求量的减少，如今的南浔只有少部分老人还在养蚕，而懂得辑里湖丝传统制作方法的人更是少之又少。对于顾明琪来说，现在最重要的是把这门快失传的手艺传给自己的儿子儿媳。要想得到上等的好丝，从养蚕到剥茧挑丝，再到压轴卷绕，每一步都讲求技巧。

南浔古镇中的徽派建筑

清明节后蚕农祭拜蚕花娘娘

清明节后，蚕农们迎来一年中最盛大的节日——蚕花节。

顾明琪说：“我们每一年的今天都要来这里来祭拜蚕花娘娘。蚕花节一过就意味着我们养蚕要开始了。”

这种千百年来的养蚕习俗已经融入到当地老百姓的生产生活当中。如同南西街上那些中西合璧的建筑一样，成为运河留给人们的永恒记忆。

苏州山塘街

山塘街旁的山塘河，正是苏州弹词《三笑》中，载着风流才子唐伯虎追舟秋香的地方；《白蛇传》中白娘子许仙也正是在这里赏月游玩。

山塘街被写进不少民间传说和文艺作品中。事实上，文史上关于山塘街的故事远远不止这些。

山塘街文史专家徐文高说：“《红楼梦》开卷第一回就写道：‘当日地陷东南，这东南有个姑苏城，城中阊门最是红尘中一二等富贵之地。这阊门外有个十里街。’这十里街就是山塘街。清代诗人蒋泰堦，一路长堤系桂桡，疏帘斜卷隔河遥。说的就是山塘街的繁荣景象。”

据徐文高收集，从唐代至民国关于山塘街的古诗词有 300 多首。几乎很少有一

山塘街夜景

条街能够让如此之多的文人墨客来吟诵，为何古人如此偏爱山塘街?

山塘街的故事一直离不开一条河，就是江南运河。江南运河北起镇江，南至杭州，是京杭大运河运输最繁忙的航道。

公元前495年，吴王夫差为北上争霸，开凿了最早的江南运河段，自苏州城经无锡、常州与孟河连接。随着隋代江南运河全线贯通，苏州城开始热闹起来。

公元825年，山塘街迎来了改变它命运的人。坐落在山塘街最东端的唐少傅白公祠正是为了纪念他而建造，他就是唐代大诗人白居易。

这一年，白居易奉命到苏州任刺史。那时的苏州有两大繁华之地：阊门和虎丘。阊门为苏州八大城门之首；虎丘是著名的苏州园林。两地虽只相隔七里，但由于河道淤塞，百姓往来艰难。白居易看到后，决定在阊门和虎丘之间开河筑路。这条河将内城水路与江南运河相接，凿河之淤泥沿河堆筑成一条东西贯通的七里长堤，民间谓之“白公堤”，后改名为“山塘街”。

为纪念唐代大诗人白居易而建的唐少傅白公祠

白居易的《武丘寺路》也记录下了当时的河畔景色：“自开山寺路，水陆往来频。银勒牵骄马，画船载丽人。”

山塘街的修筑，也带来了经济的繁华。眼前这条不起眼的小河浜，曾经是大运河水网的重要组成部分，是古代大运河苏州段的主干航道之一。商贸的繁荣、苏州园林的新旺，吸引了众多文人墨客在山塘街上留下优美诗篇。

经济文化的繁荣，必然带来社会文明的进步。山塘街上建于康熙四十九年的普济堂，是我国最早的慈善机构之一。而嵌在山塘街侧虎丘山门壁间的“永禁虎丘染坊碑记”，是清代乾隆二年为防止染料污染山塘河水而立，它是中国最早的环保禁令。

“永禁虎丘染坊碑记”
是中国最早的环保禁令

可惜的是，苏州与运河上其他经济脉络城市一样，注定逃脱不了战争的命运。最严重的一次太平军进攻苏州，溃败的清兵一把火烧了阊门外的繁华之地，可谓是“山塘七里繁华梦，赢得姑苏一炬红。”

虽然老山塘的很多遗迹消失殆尽，但是老山塘的文化却通过运河永久保留下来。因为对山塘街的喜爱，乾隆皇帝曾命人以山塘街为蓝本，在颐和园的前身漪园建了一条苏州街。并命宫廷画家徐扬将苏州山塘街的繁荣留在《盛世滋生图》中。

清代徐扬所绘《盛世滋生图》

大运河，是一条浸润着民族文化的河流。在悠远漫长的时间里，它推动了城市间文化的传播，而这些城市，也与大运河一起影响着中国文化。

山东临清老街

刘英顺，临清运河文化活动发起人，网上大家都习惯称呼他“临清胡同老头”。为了庆祝大运河申遗成功，刘英顺特意组织了一次“临清胡同游”。

刘英顺被大家在网上亲切地称为“临清胡同老头”

胡同游队伍中的很多人都不曾想到，如今只是县级以下城镇的临清，曾经是中国南北交通第一要津，明清时期山东最繁华的城市。而城市兴衰的背后，全因一条大运河。

怀着对运河文化的满腔热情，刘英顺从 1999 年开始走访临清的每个角落，并把收集到的运河资料发布到网上。一个简单的笔记本，一架普通的照相机，刘英顺用自己的方法逐渐还原了临清那段曾经繁华了近 500 年的历史。

胡同游队伍沿临清运河岸边行走

隋唐大运河和京杭大运河都曾流经临清

公元 608 年，隋炀帝开凿永济渠，流经临清，南北大运河全线贯通。但因远离政治中心，当时的大运河并未给临清带来繁华。直到公元 1289 年，元代会通河的开凿，使得临清成为京师与江南地区的运输中心。

这座全国仅存的运河钞关遗址便是当时临清工商业发达的有力证据。临清运河钞关位居全国八大钞关之首，万历年间征收船料商税达八万三千余两，占当时全国税收总量的四分之一。

不止钞关，历史留下的一条条老街也印证了临清曾经的繁华。明清时期，临清拥有 80 多条商业街巷，其中，有不少街巷干脆以某一商品命名。这条如今宽不足 3 米、长仅有 300 米的竹竿巷便是临清曾经最著名的运河老街。

刘英顺说道：“这个巷子的西头，就是京杭大运河。明清的时候江南的竹子，顺着大运河来向我北方贩运。有一些买卖人通过大运河来到这个码头上，把这个江南的竹子都卸下来，通过这贩运，逐渐的有一些竹器匠人，竹器的买卖人，就在这里落户，形成了一个竹器作坊一条街。”

运河钞关遗址

临清老街

透过历史留下的点点滴滴，几百年前临清“市肆毂击”“商贾辐辏”的景象逐渐浮现在我们眼前。不过，这也给刘英顺带来越来越多的感慨，曾经如此繁盛的临清城，是如何走向的衰落？

临清地处会通河与卫河交汇处。清中叶以后，河政腐败，水利连年失修，使得会通河经常发生淤塞现象。清咸丰五年，黄河大汛，在山东张秋冲毁会通河，此后会通河航运停止。时值太平天国起义如火如荼，清政府无暇治理运河。天灾人祸，饱经沧桑的京杭大运河终于走向衰落。

清代京杭大运河的衰败，对沿岸城镇带来了极大影响，昔日作为运河中枢的临清失去了地理优势。海港城市的迅速崛起，也加速了临清等运河城市的衰落。

尽管临清已经远离了运河中心，但是如何记住历史、传承文化是刘英顺一直都在为之努力的事业。

衰败的临清古镇

国家兴，运河畅；国家衰，运河败。清代京杭大运河的衰败，对沿岸城市带来了严重影响。和临清一样，与大运河只一路相隔的淮安下河古镇、扬州东关街最终也躲不过日渐凋敝的命运。相比之下，天津这座因运河而兴起的移民城市就幸运得多。

北京老街

从明朝朱棣时期开始，南运河、北运河、海河交汇处的三岔河口，就是天津最热闹和繁华的地方。

清朝末期大运河中断之后，天津并没有受到影响。作为港口城市，海运的繁盛使得天津成为少数几个不但没有出现萧条，反而在运河衰落之后加快发展、地位有所上升的城市。不过，之所以天津能够成为北方一商业大都会，最根本的原因还是它的毗邻，那就是运河最北端的城市，北京。

在北京南锣鼓巷做服装生意的英国人江森海接受采访时说：“我叫 Tomy Nick，中文名是江森海，我是英国人。2003 年在北京胡同里开了这家创意 T 恤衫店，一直住在北京。我特别喜欢老北京的胡同，创可贴吧的牌子就是根据胡同设计的。”

江森海的这家创可贴吧位于北京东城南锣鼓巷内，在元代这里曾是北京的市中心，明清时期更是京城最繁盛之处。

在北京生活的英国人江森海

北京城有着 3000 年的历史，古时也称燕京、幽州，一直默默无闻。直到公元 1267 年，为了消弭来自北方的威胁，元代统治者忽必烈将国都建在北京，取名元大都。这也是中国第一次将政治中心建在大运河的最北端。在北方政治军事中心和南方经济重心分离、相距遥远的空间格局下，大运河将承担着更重要的作用。公元 1292 年，从通州到北京积水潭的通惠河开凿成功，杭州的漕船可以直接行驶到北京城内，形成了大运

南锣鼓巷在元、明、清时期都是北京最繁华之地

北京元大都遗址公园

河今天的轨迹。全线贯通的京杭大运河，迎来了它生命中最光辉的岁月。

而北京也成为运河上一座最特殊的城市，集政治、经济、文化于一身，最终成为南北交流最方便的中心。

江森海感慨地说：“北京的胡同特别有意思，光名字就有很多讲究。较宽的胡同，就叫成了‘宽街儿’、窄的就叫‘夹道儿’、斜的就叫‘斜街’。烟袋斜街，就形状就像一只烟袋。南锣鼓巷原来叫罗锅巷，就像一驼背的老人。”

南锣鼓巷与元大都同时期建成，它是中国仅有完整保存，富有老北京风情的街巷，这也是江森海选择在此开店的原因之一。当时的元大都采用“前朝后市”的城市格局，前朝指的是故宫，后市就是积水潭一带。如今的积水潭、后海和什刹海当时统称积水潭，在地理位置上是元大都的中心，南锣鼓巷也是组成部分之一。

北京人称呼街巷为胡同，“胡同”一词源于元代，在蒙语里是指水井。来自沙漠

京杭大运河将南方经济重心与北方政治军事中心连接了起来

和草原的蒙古族很重视水源，每条胡同都会挖一眼水井。而北京胡同横平竖直，四合院错落有致，方位感极强，这些也是蒙古人军事化管理的结果。一条街的形成和发展，往往经过上百年的演变。它是历史的载体，记录着沧桑变革，留下了不同时代经济、文化、社会风俗的内涵。

运河美景

老街和运河的意义一样在于沟通。沟通，是一座城市、一个国家乃至全世界得以发展的必要因素。大运河最早表达了交流和沟通的重要性，也体现了中国古人对这一重要性的认识。没有大运河，北京可能只是一个普通的城市；没有大运河，南锣鼓巷、烟袋斜街亦不会有如今的繁荣兴盛。在这悠远漫长的时间里，大运河安静但有力地推动着经济的变革，文化的传播，思想的交流，社会的发展。

大运河依旧按照它千百年来的节奏，缓缓地从身边流过。在北京的南锣鼓巷中，江森海还在创作着他的北京印象；临清的竹竿巷，刘英顺仍然坚持着他的胡同游；徐文高将收集到的描写山塘街的诗词装订成书；南西街的辑里湖丝馆中，顾明琪老人继续讲解着湖丝技艺；绍兴八字桥历史老街上，老吴爷爷也陶醉在慢节奏的生活中。他们都在用自己独特的方式，讲述着大运河上的故事。

无论是过去还是将来，沟通与交流，始终是南来北往的大运河呈现出的亘古不变的主题。

第七章　流淌的美味

俗话云：“十里不同风，百里不同俗。”大运河从南到北，自然地理的多样变化，人文环境的千差万别，让生活在不同地域的运河儿女，享受到截然不同的美食。然而，大运河的出现，使这千百年来的饮食传统巧妙地发生着变化。

饼

六月的山东台儿庄，日出时间特别早。天刚擦亮，运河石头大饼店的孙茂印师傅已经开始了一天的工作。他是这家店的第 6 代传人。

孙师傅祖上从乾隆年间就开始做饼，迄今，有明确记载传承人的历史已经有 230 多年。运河石头大饼的特别之处，就在“石头”两个字上。

孙茂印介绍到：“石头大饼其实不是像石头那么硬的饼，而是在石头上做的一种饼。”

运河石头大饼店一大早就开张营业了

石头起到了很好的传热作用，在高温下，面饼不仅不易糊，涂过酥油的石头，还能把面饼烤出金黄色。200 摄氏度的高温瞬间把水分蒸发掉，似乎可以听到面饼膨胀的美妙声音。这样烤出的石头大饼食之多酥，油香绕舌，而且携带方便，利于储存。石头大饼，名副其实，可为何还要冠以运河的字号？

石头大饼金黄香酥

孙师傅的运河石头大饼店地处台儿庄古城，京杭大运河穿城而过。大运河台儿庄段是京杭大运河中唯一完全东西流向的一段。孙师傅祖祖辈辈都在这运河边售卖石头大饼。

孙茂印回忆说：“那会儿人多，那会儿（运河）的两岸也有摆小摊，卖一些东西，我们摆小摊卖一些饼。船过去都是用人拉，就卖给那些人。他买了完全可以当干粮装在兜里，边拉边吃，很方便。那个也不是发面，而是死面的。”

主食能够补充人类所需要的大部分能量。特别是在食物贫乏的古代，主食，绝对是中国人餐桌上的主角。运河石头大饼这种不易坏又抗饿的主食，大受运河上纤夫和跑船人的欢迎。

孙茂印还说：“那时候一个饼才二分钱，就卖饼，一天就卖个五六块钱。到那儿根本不能满足他们的要求。我们对这个运河很有感情，这个（店）离不开运河，就起了运河石头大饼（这个店名）。”

位于台儿庄古城中的石头大饼店

几乎所有的中国人都知道：北方人喜欢吃面食，而南方人则离不开米饭。这是因为黄河流域适合喜干耐寒

石头大饼很受游客欢迎

的小麦生长，而高温多雨的长江流域则更利于水稻的耕种，因此出现了中国“南米北面”的主食格局。

但是运河石头大饼却破了例。途径台儿庄的南方跑船人，也开始接受并喜欢上运河石头大饼。区别于稻米的软糯，面饼的酥脆带给他们不一样的口感。沿着大运河，他们把美味带到了南方。

还没到九点钟，孙师傅早上做的500个石头大饼全部卖光。来自天南海北的游客对面食已经习以为常。

孙茂印讲道：“现在生意很火爆，我们的生意在古城完全可以能够数得上，在每一天都能达到，能卖到一千个饼至八九百个饼。”

心疼上了年纪的父亲，孙师傅的儿子孙井峰刚下了夜班，就来店里帮忙。运河石头大饼在孙师傅的创新下，多了很多新的口味。

中国社会，子承父业被认为是最顺理成章的事。小孙师傅，已经是运河石头大饼的第7代传人。

孙井峰说：“不光指点还经常性的批评，有的做得不好的地方，还是经常性的批评。”

孙茂印说：“干到老，学到老。你叫我来说不能达到满意，在干中总结经验，不断的总结经验，不能满足。”

说到运河边的美味，就不得不提到另外一种饼——煎饼。

运河边，王玉兰正在用最传统的方法制作煎饼，这种用玉米梗做燃料的方法如今很少见到。过程看似简单，实则非常讲求功力。鏊子，是烙制煎饼的工具。制作煎饼的主料，可以是任何五谷杂粮。鏊子烧热，杂粮面糊摊开，快速成型。火候一定要掌握好，太旺，容易焦煳，太小，就不会香脆可口。烙成饼后薄如纸，方便携带，保质期长，煎饼因此成为运河跑船人的首选。

江苏省北部、山东全省几乎都爱吃煎饼，特别是在泰安、徐州、枣庄一带有以煎饼为主食的传统。煎饼几乎可以包裹一切，包上油条，就成为天津人爱吃的煎饼果子；加上菜料，就成为枣庄人喜欢的菜煎饼。

大运河的出现，大大加快了食物迁徙的速度。食物也在传播流转间，衍化出不同的形态和风味。

粽子

端午节，中国人有吃粽子的传统，但在嘉兴桐乡的石门镇，当地人更习惯在清明吃粽子。这源于春秋时期，为了纪念晋国的介子推而形成的民间习俗“寒食节”，起源要比端午食粽早了近千年。

石门镇的居民更习惯在清明时节吃粽子

运河路街口修鞋铺的韩德才不是本地人，但他也打算入乡随俗。韩德才今年 67 岁，扬州宝应人，在大运河上跑了近 30 年船。退休后，便在运河边的石门镇买房定居。凭着多年的修理手艺，韩德才的修鞋铺开得红红火火。

韩德才说道：“我不是吹，本来三家现在就剩下一家，就是我一个人。实力，你要做得好，质量好，第二个价钱优惠，大家就高兴来。”

韩德才曾在大运河上跑了近 30 年船，退休后开了修鞋铺

韩德才的幽默、健谈，使得这小小的修鞋铺成了老船工们的聚点。清明这天，韩德才约了几名老船工到铺里吃粽子。这些老船工和韩德才一样，没有选择落叶归根，而是决定在石门定居。

韩德才说：“就是这个地方交通方便，经过这个地方，到山东也好，你到杭州也好，到上海也好，都要经过这个地方。”

石门镇，形成于春秋时期。相传越国为了抵抗吴国，在此垒石为门，故称“石门”。隋朝大业六年，从江南运河通航的那一刻起，石门就成了大运河上最大的中转站之一，它拥有京杭大运河上唯一一个 120 度转弯。逐渐，石门成为南来北往的船工休息歇脚的地方。

石门镇古吴越疆界

石门地处嘉兴桐乡，正位于中国最古老的稻作文化区之内。附近罗家角遗址曾经出土的稻谷，是当时世界上最早的稻谷遗存，距今已有 7000 年的历史。稻谷自然而然成为石门人对于主食的第一选择，当地人对于米制品的做法更是炉火纯青。

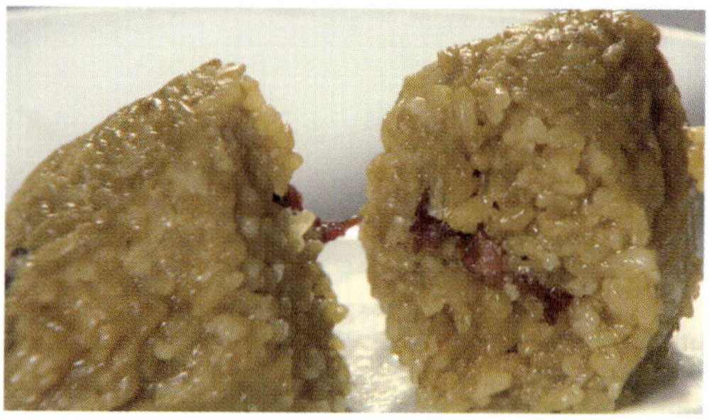

粽子有多种种类，蕴藏着许多有趣的文化

清明一大早，韩德才的老婆潘月凤便开始准备包粽子的食材。但潘月凤只会包扬州的斧头粽，为了尝到正宗的嘉兴粽子，潘月凤请来了邻居帮忙。南方人偏爱咸粽，拌入酱油的糯米包裹上肥瘦相间的五花肉，入口油而不腻，糯而

石门镇正位于中国最古老的稻作文化区内

不粘。北方人则青睐甜粽，糯米中填上几粒蜜枣或红豆，清香可口，味甜嫩滑。而潘月凤会包的斧头粽子则是长四角形最传统的白糯米粽。不同的包法，带来了更多的选择和美味。

热腾腾的粽子，有甜香有咸香，更有家乡的味道。曾经，北方人，特别是刚入主中原的少数民族吃不惯米饭。但随着漕米不断地南粮北运，北方人也爱上了这种更容易制作的主食，粽子一类的米制品也成为北方人餐桌上的常客。

大运河带来的不仅是食材的流通，更是南北不同制作方法和烹调技术的交融。

鱼

七月的微山湖休渔期刚过，就赶上了多年不遇的大旱。昨夜的一场及时雨，唤起了渔民的希望。凌晨四点，他们纷纷出航收网捕鱼。

渔网拉出水面，景象差强人意。但与前几天相比，这已经是很不错的成

济宁微山湖

微山湖就是京杭大运河的一部分

绩。微山湖每年有两次持续三个月的休渔期，七八月是捕鱼的旺季，这两个月卖出的数量将影响着渔民一年的收入。

在渔民袁新英夫妇眼里，每一条小鱼都弥足珍贵，因为它们曾经让自己的儿子圆了大学梦。

袁新英说："儿子很节约，上初中的时候，就是（只花）一个星期七八块钱，十来块钱。老师学生就一个伙房，吃那个馒头还不大，我看见他吃的时候我就心疼得要命。"

袁新英的儿子没有辜负妈妈的辛苦付出。不仅上了大学，还拿着奖学金考上研究生，出国读了博士，现在在清华大学读博士后。袁新英用辛勤和汗水向大自然索取了学费。对于湖边的渔民来说，河与水已经是他们生命的一部分，改变着每个人的命运。

微山湖地处山东、江苏交界地带，京杭大运河的航道从微山湖中穿过。在这里，湖就是河，河就是湖。一直以来，微山湖的湖产就是靠着京杭大运河，运往京城和南方。独特的地理位置，给微山湖带来了丰富的食材，四个鼻孔的鲤鱼就是最有名的一种。

将鲤鱼裹上糊子，淋透热油，再浇上炒好的糖醋，美味已经呼之欲出。四个鼻孔鲤鱼的鲜嫩口感，据说曾经得到了乾隆皇帝的赞许，成为每年进贡之品。

除了四个鼻孔鲤鱼之外，七月的微山湖，还有一种特殊的时令美味——荷花宴。荷花的花期很短，享受荷花宴仅有一个月的时间。

袁新英准备给今天回家的女儿一家做一桌荷花宴，主要食材全部源自荷花。

黄金炸荷花是荷花宴最核心的一道菜。鲜嫩的粉色花瓣包裹上薄薄一层面糊，为的是让它们在舌尖上第二次绽放。荷叶肉卷一定要用没长开的荷叶芽，这样的荷叶才鲜嫩可口。将荷叶里镶入拌好的肉馅，入油鲜炸，空气里满是诱人的清香。藕茎是藕的嫩苗，还没成形为藕状。清炒藕茎晶莹剔透，保留了纯天然的味道。

如今，袁新英唯一放心不下的，就是在北京生活的儿子。自从去年在湖边举行婚礼后，儿子每年只能春节回来一次。

荷花宴

袁新英对儿子说：“儿子你在外边工作很高兴很幸福，我什么想法也没有，还想要一个，不管男女要一个，孙子孙女都一样，给你拉扯大。”

京杭大运河与骆马湖交汇处，一种流传了几百年的生产习俗还在继续。窑湾人称这种每天下半夜繁华热闹、天亮人影无踪的集为“夜猫子集”。“鲜”是水产品带给味蕾最独特的享受，因此保鲜至关重要。渔民趁夜把刚刚捕捞的鱼虾送到集市来卖。同时，在集市上，渔民也可将粮食、青菜等岸上食材一应购全，给他们的生活带来了极大的方便。

窑湾船菜富贵鱼头汤

窑湾船菜是窑湾人最拿得出手的看家菜，讲究“名”“型”“乐”。筵席上漂亮的艺术造型，搭上特色小曲，吃中享受音乐的情趣，在乐中感受吃的味道。早在 1765 年，清乾隆皇帝沿运河南巡时，曾微服私访窑湾，对

窑湾“夜猫子集”的主要目的就是保“鲜”

窑湾船菜赞不绝口。

如今，随着烹饪工具的更新，采买的方便，渔民每天的饮食生活与岸上的人们几乎没有差异。

在连接京杭大运河、淮河和长江的洪泽湖上，几吨重的渔船一艘连着一艘，用绳索绑紧固定，降低了船的晃动。

流淌的运河水不仅将岸上的食材带给了渔民，也将船上的美食送到了岸边。对于洪泽人来说，小鱼锅贴不仅仅是一种食物，而且是被保存在岁月之中的生活和记忆。十几斤重的大铁锅烧热，黄澄澄的面团沿锅边均匀推开，烹上一勺油，空气中便浸润出古朴的面香。另一边，旺火上各色杂鱼一并烩熟。鱼肉飘香之际正是面饼焦酥之时。面饼吸饱鱼的鲜香，美味即成。

小鱼锅贴是洪泽湖地区的特色饮食

这条流淌了2000多年的大运河，融进了人间美味。

淮扬菜

江苏淮安，京杭大运河旁，大幕拉起，一场饕餮盛宴正以华丽的姿态准备登场。吴明千，江苏省第一位淮扬菜特级厨师，师从“开国第一宴”主厨张文险。对于淮扬菜，吴明千和他的师傅一样，有着近乎完美的追求。

淮扬菜与鲁菜、川菜、粤菜并称中国四大菜系，是以淮安和扬州为中心的地域性

淮扬菜别具特色

佳肴。作为唯一一个用省以下城市称谓的菜系，它的特别之处究竟在哪里？

任何一段古老文化，都必然依托于一段大河流域，这是自然造物的规律，也是记录在案的历史。而淮扬菜的形成和兴盛，离不开身边流淌的大运河。

早在公元前 486 年，吴王夫差开通邗沟后，淮安就成为长江文明和黄河文明交融的连接地，一种菜系这时正在慢慢滋生。公元 610 年，隋唐大运河全线贯通后，使淮安、扬州成为南北交通枢纽。明清时期，迁都北京后，中国历史上第一次把负责漕运的最高管理机构，不是设在国都，而是设在淮安。达官巨商、富绅名士云集聚居，淮安大行盛馔奢靡之风。此时，全膳席、全羊席的诞生使得淮扬菜烹饪技艺达到了前所未有的高度。

相较于川菜的麻辣、鲁菜的大气、粤菜的精致，淮扬菜最大的特点就是讲求“原味”。四大菜系中，与大运河关系最为密切的就是淮扬菜。独特的地理位置，使得淮扬菜吸收了南北方不同的烹调技术和地方食材；而淮扬菜的烹饪技艺也随着流淌的大运河，影响着南北的饮食习俗。

晚饭时间，是吴明千一天中最忙碌的时候。吴明千的酒楼坐落在大运河边，他与这条河有着特殊的缘分。

吴明千回忆起小时候的河，
谈起对水的认识

吴明千回忆到：“我们从小在这河里边，跟着母亲淘米洗菜，看到河里边成群的鹅和鸭。每到夏天的话，吃过午饭以后，我们就下河游泳了，我们游到河心的时候，河心当中这个地方，扒开来要喝两口，这水很甜。在古代，湖心水是泡茶最好的水，烧水也是最好的水质，所以这是一个传统的。看似一个不经意的东西，其实包含了一个很悠久的传统，就是我们中国人对水的一个认识。”

大运河成就了淮安城，运河水孕育了淮扬菜。中国人相信，水也能滋养人的灵性。在吴明千眼里一门手艺的生命力，是对传统的继承和升华。

软兜长鱼，是最具代表性的淮扬菜。淮安人称黄鳝为长鱼。经过春季到夏季的滋养，黄鳝最肥美的季节到了。选用小嫩的活黄鳝，取其脊背肉。猛火急攻，尽可能缩短烹饪时间，才能保持食材的原味。油的掌握对于淮扬菜至关重要。

吴明千说：“最好是一次性放下去。因为油除了是个媒介，同时它在菜里边也起到润滑和清爽的作用，搁多了它比较油腻，搁少了它没有味。”

软兜长鱼

油跟食材瞬间碰撞出美味。盛入盘中，色泽乌亮，绵软鲜嫩。软兜长鱼曾经在开国第一宴上率先登场，赢得“共和国第一菜”的美名。

淮安有句老话“无蒲不成宴”，开洋蒲菜也是淮扬菜中的一道名菜。蒲菜是香蒲的嫩茎，多生于沼泽河湖及浅水中，淮安的蒲菜最为鲜美。汉代辞赋家枚乘在《七发》中用：“刍牛之腴，菜以笋蒲”来形容蒲菜的清香脆嫩。

当蒲菜遇到鸡汤和虾米，产生了清香四溢、鲜嫩可口的化学反应。一旦注入人类

开洋蒲菜

的智慧，任何食材都能变幻出独特的美味。

食客的满意是厨师最大的欣慰。以顶尖烹艺体现食材原本的口感和味道，是淮扬菜的精髓所在，更是淮扬菜厨师一生的追求。

德州扒鸡

德州扒鸡，是大多数人对山东德州的第一印象。作为中国四大名鸡之首的德州扒鸡，酥而不软，香而不腻，深受食客喜爱。不过，这些喜爱扒鸡的食客中，可能很少有人知道，德州扒鸡与京杭大运河的渊源。

德州扒鸡

德州自古就有养鸡的传统。由于德州历史上经常遭受蝗灾，大规模养鸡成了当地人对付蝗虫的方法。逐渐，鸡也成为德州人餐桌上的常客，当地人开始研究不同的烹调方法。

德州扒鸡的诞生源于

一个巧合。德州西门外大街有个叫贾健才的烧鸡制作艺人，一次，他的伙计不小心将鸡煮过了火。本想低价卖出，可谁知，这过火的烧鸡竟散发出独特的异香，人们争相购买。后来贾健才潜心研究改变工艺，逐渐摸索出扒鸡的原始做法。

公元1282年，京杭大运河德州段的开通本是为了减缓北京到余杭段的流速，削弱黄河泛滥对北京的影响，却在不知不觉中使得德州扒鸡名噪天下。明清时期，漕运的繁忙，让这个曾经不起眼的小城迅速发展成为京杭大运河上的重要码头。作为当地特色美食的德州扒鸡，伴着流淌的大运河，被带到了全国各地。

据《德县志》记载，公元1702年，康熙帝南巡，驻跸德州，品尝刚出锅的德州扒鸡后，赞许道："真乃神州一奇也"。从此，德州扒鸡钦定为御用贡品。

如今的德州城，曾经繁忙的大运河因水流枯竭而断航。德州扒鸡却随着津浦铁路和石德铁路的开通，闻名全国。但凡乘车路过德州，乘客大都会下车买上一只，将这种淳朴的民俗美味带回家中分享。

绍兴黄酒

中国现存最久的陈酿酿制于1928年

绍兴黄酒博物馆中，贮藏着中国现存最久的陈酿。从封存于泥盖内的坊单可以知道，这坛黄酒出自沈永和酒坊，酿制于1928年。作为酒的活化石，这坛近百年的陈酿见证了黄酒的发展，也惯阅了大运河的沧桑变化。

黄酒开酿仪式

用稻米酿出的黄酒以其水的外形、火的性格，最早融入进中国的历史。最好的黄酒产自绍兴。公元前 486 年，从越王勾践在绍兴境内开凿浙东运河的那一刻起，绍兴黄酒就与大运河紧密地联系在一起。公元前 475 年，越王勾践为了一雪为吴国所败的前耻，决定重振旗鼓出师伐吴。出征时，父老乡亲向越王敬酒，越王把酒倒进河的上游，与将士们一起迎流共饮。这就是历史上有名的“投醪劳师”。这种酒就是绍兴酒的前身。

在发酵中的黄酒

南宋以后，绍兴逐渐成为了南方经济中心，绍兴黄酒开始经运河大量输入皇宫。到了明清，绍兴出现了大量酒坊，黄酒经运河运往全国各地，已是一派“越酒行天下”。

如今的绍兴人早已离不开这种琥珀色的诱惑，无论夏天还是冬天，不论中午还是晚上，一杯黄酒，一盘下酒菜，枕河而居，享受着一份闲适。城市的空气中仿佛都弥漫着酒的味道。

立冬，黄酒开酿仪式后，今年的冬酿就开始了，这是绍兴传统的酿酒风俗。

绍兴黄酒的特别得益于与浙东运河相连的鉴湖之水。鉴湖水澄碧纯洁、硬度适中，为酿制绍兴酒提供了得天独厚的优质水源。鉴湖水的最佳季节是在冬季，这时正值农闲，低温也可抑制杂菌繁育，保证良好的风味。

浸米、蒸饭、落缸、开耙发酵。酵母菌开始有节奏的舞蹈，等待着几年后的酒香扑鼻。

大运河的出现，使得南北地方美食得以互相交流，南北口味兼容、花样品种丰富的美食不断出现，流淌的运河带来了流淌的美味。从食材之间的交流运输，到烹调方法的不断交融，伴随着流淌的大运河，人们对于美味的追求，始终不曾停止。

运河美景

第八章 终点·起点

水，是人类赖以生存的天然元素。运河，则是我们借水而建的人工通道。一条运河沉淀了过往岁月的诸多痕迹，也串联起古今中外的文化往来。曾经的运河是维系封建王朝漕运经济的命脉，今天的运河又承担着怎样的功能？

汉代以来，丝绸之路一直是连接古老中国与欧亚大陆的重要交通纽带。隋唐年间，丝绸之路上的贸易往来达到了空前繁荣，长安城中曾引来数以万计的胡商在此定居。同样是在这个时候，中国内陆的地图上悄悄延伸出一抹蜿蜒的蓝色。正是这条水路的出现，给了很多外国人真正了解中国的机会。

江苏扬州

在今天的扬州城北，静立着一座唐代风格的现代建筑，这是为一个外国人修建的纪念堂。在堂院的一角，有一座“中韩建交十五周年”的纪念石碑。据说，每年都会有韩国人来这里参观。那么，这座院子的主人是谁？

中韩建交十五周年纪念碑

唐代的中国已经敞开了贸易和文化交流的大门，早在唐贞观元年，大唐王朝已经对外国学生开放了科举考试。留学生在中国一样可以考取功名，登科及第。在众多慕名而来的海外学子中，来自新罗的崔致远就是其中一个。

崔致远像

扬州文化研究专家韦铭铧谈到：“他到中国来留学，然后在长安，也考进了一定的科举名分，然后他就在江南溧水县（江苏溧阳县）做了一个小官，后来到扬州城做了淮南节度使的一个幕僚，因为他的文化水平比较高，所以受到了当时他的长官高骈的重视，经常带着他起草一些很重要的文件。”

扬州地处大运河与长江的交汇处，自春秋时期吴国开凿邗沟起就是运河的咽喉之地。唐代的扬州已经和今天同名，隋唐大运河的开通使扬州成了繁华的水路交通中心。24岁的崔致远正是在那个时期来到扬州，担任淮南节度使高骈的幕僚，在今天是个类似高级文书的职务。

公元884年，崔致远自扬州出发，沿运河北上至山东半岛，再转海路回到了自己的祖国，结束了在中国长达16年的求学和为官生活。回国之后，他把自己在中国的见闻和任职时起草的文件整理成为一本汉字诗集，这本名为《桂苑笔耕集》的诗集

扬州东关古渡公园

今天的扬州依然在使用着隋炀帝开凿的河道

在当时的新罗产生了巨大影响。

“桂苑繁华，杨都壮丽”，是崔致远曾经用以形容自己在溧水的住所和扬州之美的诗句。当年还未过而立之年的崔致远可能想不到，1000多年过后，扬州依然是扬州，中韩之间的文化交流也从未停止。

古运河扬州段，是整个京杭大运河中最古老的一段。拥有着著名的“扬州三湾”。隋炀帝开凿运河之初，为了减少落差，使运河水面保持平缓，便于船只通行，采用了延长河道的方式以降低地面的高度差。这段流经扬州市区，全长约30公里的运河到今天仍然使用着当年隋炀帝开凿的河道。

自唐代开始，新罗和日本便与中国有着密切的交往。来自海外的使节与学子们都是通过大运河往来于大唐王朝的政治和经济中心。事实上，早在崔致远来到中国的一百多年前，一个扬州人已经通过运河把中国的文化传向了海外。

大明寺鉴真和尚纪念堂

唐天宝年间，出家于扬州大明寺的鉴真和尚受到日本遣唐僧人的邀请，希望他到日本传授佛法戒律。尽管深知东渡的路途艰辛险阻，鉴真还是欣然接受了邀请。据史书记载，鉴真和尚的东渡之旅耗时 12 年，历经 5 次失败才最终抵达了目的地。这当中几次出行的起点，就是位于扬州古运河边的这处码头。

在大明寺内鉴真和尚纪念堂的正中，一盏石灯笼安静地置放在此，长明的石灯表明着中日两国源远流长的交往历史。1980 年，这盏石灯由日本奈良市的森本孝顺亲自设计并赠送。石灯笼有两盏，一盏在大明寺，另一盏则在唐招提寺。位于日本奈良市的这座唐招提寺正是在公元 759 年由鉴真和尚主持建造的。鉴真在日本度过了自己生命中的最后十年，他把唐代的绘画、书法、医药、建筑等诸多文化一并传到了日本。

山东德州

元代以后，京杭大运河的出现带动了一批北方城市的兴旺发展。济宁、临清、德州都成了商贾汇集，热闹非凡的贸易中心，往来于运河之上的外国使节和商人络绎不绝。

元、明、清时期，京杭大运河带动了北方一批城市的发展

德州北营村口意义非凡的石雕

明朝永乐年间，中国历史上最为浩大的航海行动正式启程。在郑和七次下西洋的航程中，曾经几次停泊在今天菲律宾的苏禄群岛一带。公元 1417 年，苏禄国王率一众超过三百人的友好使团来到中国，受到了明成祖朱棣的盛情款待。有关这段友谊的见证，今天仍然保留在中国北方的大运河边。

北营村，位于德州市北一处安静的村落。村口的石雕面貌各异，凸显着这处村落的与众不同。将近 600 年前，访问中国的苏禄国王在经运河回程返家的路上于德州意外病逝，明成祖朱棣听闻噩耗深感悲伤，立即派人赶赴当地，以藩王之礼厚葬了这位远道而来的朋友。

苏禄国王墓园

这里，就是明成祖为苏禄国王建设的墓园。国王病逝后，长子回国继承王位，次子、三子与王妃留下守墓，这一守便是几百年的光阴。苏禄王的后裔与当地人通婚生子，如今，这些王室后裔的生活已与普通穆斯林无异。而他们的存在，本身就是对当年那段跨海友谊的最好解读。

对于生活在 1000 多年前的古人，远渡重洋需要的也许不仅仅是勇气和恒心。然而，在大运河前世今生的记忆之中，这样漂洋过海的往来又岂止一个两个。

山东台儿庄

2013 年夏天，历时 4 年的台儿庄古镇重建工作彻底完成。4 年间，一本名为《天下第一庄》的杂志一直默默地陪伴着古城的重建过程。

重建后的台儿庄古镇

台湾作家郁馥馨接受采访时说："从现实到梦想的距离，只有一大一小两个行李箱，还有几个钟头的车程。我从台湾到苏州，再从苏州辗转来到台儿庄。这个离古代不远，跟现实很贴近的一个我梦寐以求的古城。"

台湾作家郁馥馨
谈起自己与台儿庄的故事

在过去的 40 年里，郁馥馨一直以作家和杂志主编的身份生活在台湾。祖籍台儿庄对她而言，最初只是个十分模糊的概念。

郁馥馨回忆说："我当时会来是因为我奶奶还在这儿，但是我本身在台儿庄，其实那种感觉是很模糊的。其实来的时候，我就听说了古城重建，然后跟我讲说，整个古城要重建起来呀，范围很大，是整个城，我一点概念都没有。"

在很多人的印象里，台儿庄就是那个在抗日战争中取得巨大胜利的地方。台儿庄战役后，一座几万人口的城镇顷刻间化为废墟。从那时起，重建家园就一直是台儿庄

台儿庄今景

几代人的梦想。事实上，把台儿庄的历史从战争年代再往前推 300 年，看到会是一片你来我往的繁荣景象。

郁馥馨说：“我以前也听我爸说过，就是说我的爷爷甚至包括他的爷爷都是做生意，但是都是在运河边，我听他们讲，你靠着运河为生，你就吃的是运河的水，你的经济活动，甚至你的经济命脉全都是依靠运河。那次我来的时候，他们给我那一份资料，就是我们郁家曾经在这边是一个大家族，然后现在还有一个郁家码头，这个对我的冲击真的非常大。”

京杭大运河台儿庄段

明朝万历年间，京杭大运河徐州段常年受到黄河泥沙淤塞的困扰。为了维持漕运畅通，政府于是立项避开黄河，改借泇河之水取道台儿庄继续向南通航。这段运河作为京杭大运河的一部分沿用到今天。

台儿庄夜景

因为漕运的畅通，台儿庄成了商贾云集的繁华之地。郁馥馨的祖先就是依靠沿运河贩卖丝绸、茶叶等杂货物资而兴盛一时。如今台儿庄“天下第一庄”的名号，正是当年乾隆皇帝南巡至此，在郁家码头登岸后亲笔所赐。

冥冥之中血脉相传的根基让郁馥馨最终决定留下。打理一本关于古城的杂志，结识更多新的朋友。生活就这样渐渐与古城融合在了一起。

郁馥馨感慨地说：“我觉得最大的原因、意义也就在这里，我自己就感觉我自己会有一种使命感，比如说我既是台儿庄人，又是台湾人，在两岸交流这块，我应该是可以起到一个很好的一个作用，我这几年来，也一直在往这方面去做。”

“一河鱼水，歌声十里，夜不罢市”，这是文献记载中明清年间台儿庄的繁华。几百年后，现代人又在历史的遗迹上将其重建，今天的台儿庄给了一些人追思寻梦的机会，也成为另一些人休闲放松的所在。在这个夏天的夜晚，一座运河新城又将从前的记忆再次续写。

山东枣庄

京杭大运河山东段全长643公里，流经枣庄、济宁、泰安、聊城、德州5个城市。由于北方地势多变，今天的京杭大运河山东段只有最南端的枣庄段还有运货行船的功能。

9月的一天上午，枣庄新安煤矿的码头挤满了货船，家住微山湖的张慧英和同村人一起组成了9只船的船队。一艘船的载重量是1000吨，两三只船同时装货，船队整个装满需要大半天的时间。

9月的上午，枣庄码头挤满了货船

枣庄是一座因煤而兴的城市。早在100多年前，中兴煤矿公司在此地建立。这家公司在清朝末年以及民国期间通过运河将枣庄地区开采的原煤向各地输送，是当时中国最大的煤矿企业之一。今天，每年通过枣庄地区运往全国各地的商品煤仍多达100万吨。

在等待装货的空当，负责准备过闸材料的同伴要接受海事人员的检查，这道工序就和跨境出国需要办理签证手续一样。下午3点，船队载货出发，这次的目的地是杭州。

跑船人张慧英说："这一趟是前天来的，昨天装货，今天就来到这二级坝了。饭就是平常的饭做着吃，也买南方的饭，北方带一部分走。等闸的时候也去赶集买菜买饭，习惯了也跟咱家里一样了。"

张慧英并不是那种长年不上陆地的运河船家。家里原本的收入是靠种地，子女长

运煤船满载煤炭

大成人后，跑船成了既消磨时间又能赚钱的生活方式。

张慧英还说："孩子大的是医生，二的是职场的技术员。闺女在微山县城里面。他们都不干这个工作，都嫌船上受罪。自己觉得像俺年纪大了干什么去啊，干这个还不错的。在船上干了 8 年了，在北方装走，上南方卸。要是等闸的时候得 50 天，要是不等闸，40 天能回来。"

现代工业的发展改变了煤炭的开采和装载形式，唯有沿河运货这种耗能低又相对环保的运输方式一直保留到今天。像张慧英这样的职业跑船人支撑着枣庄商品煤最主要的运输方式。

河北沧州

京杭大运河纵贯南北，地势的变化造成了大大小小的水位落差。为保证船只正常航行，水闸是必不可少的调节方式。水闸技术自北宋时期已经十分普遍，古时候过闸，通常要花费十几天的时间，长的甚至多达两个月之久。

现代的水闸技术与古时原理相同，过闸的货船按顺序从一侧进闸，达到既定数量后关闭闸门，通过人工控制将水位调节至与行船方向同等的高度，再开另一侧闸门统一放行。船多的日子就要排队等闸。堵船，就像堵车一样，唯一能做的只有等待。

相较于江南地区，北方的运河地势更为复杂多变。在没有发动机的时代，水闸并不是解决落差的唯一方式。

京杭大运河由北向南，自天津，经沧州、德州至临清的这一段称南运河。南运河全长约 509 公里，流经沧州的就有 215 公里。从高处看，沧州的运河处处都是弯。

现代水闸的技术与古时原理相同

这些弯正是古人在开凿南运河时为解决河水落差而设置的。“一弯顶三闸”，尽管路途延长了几倍，但南来的货船因此得以顺利行船继续北上。

复杂的地势造就了沧州运河的蜿蜒，也传达了沧州人骨子里的倔强。正因为有了这条蜿蜒的水系，成就了沧州人闯天下的梦想。

沧州市吴桥县，沧州段运河的最南头。每天清晨，吴桥杂技学校晨练的孩子们成了运河边一道独特的风景。就在离河不远的吴桥杂技大世界中，高福州和徒弟们的杂

复杂的地势造就了沧州运河的蜿蜒

吴桥杂技学徒

技表演已经开始了。

“铜锣一敲三四五，学套把戏江湖走。南京收了南京去，北京收了北京游。南北二京都不收，运河两岸度春秋。”

锣歌是吴桥杂技艺人口口相传的艺术形式，作为杂技表演的开场，边敲边说吸引路人。历史上的吴桥处在古黄河下游，土地贫瘠，民生困苦。会翻跟头耍把式的吴桥人便选择了出门卖艺讨生活。

杂技艺人高福州谈起杂技生涯感慨万分

吴桥人擅长杂耍，这似乎是代代相传的基因。元代大运河截弯取直后，包括沧州在内的运河沿岸城镇迅速发展起来，人口密集的码头、村镇成了吴桥艺人行走卖艺的最佳平台。一些传统项目的演出，统称“撂地”，出门不带盘缠，在行走江湖的吴桥艺人中十分普遍。

杂技艺人高福州说道：“出村演出。演的三块五块够车票了，沧州一站，到秦皇岛一站，朝运河那边跑，出门就撂地，撂地就有钱。‘早起没饭吃，上午有马骑’，（意思是）当时就赚钱了。”

高福州 14 岁入行，到今年已经是第 60 个年头。现代杂技艺人出门演出已经有了汽车、火车，

吴桥杂技学校的留学生

留学生们苦练功夫，也将吴桥杂技带向世界各地

交通方式的转变也给了这项传统技艺走出国门的机会。

高福州自豪地说：“南到海南岛北到大兴安岭，西到西藏，东到鸭绿江，中国走遍了，又到 6 个国家，新加坡、日本、韩国、马来西亚、文莱、刚果，6 个国家，行了，知足了。”

10 年前吴桥县建立了杂技大世界，像高福州这样的老艺人也结束了漂泊的生活。每天固定上午演出，中午回家，一天的日子也算悠然惬意，而此时，吴桥杂技学校的留学生们正在进行下午的训练。

今天是伊丽丝来学校上课的第一天。这个 25 岁的法国姑娘练习杂技已经将近 10 年，来中国的原因非常简单。

伊丽丝说：“一个获得过奖学金的委内瑞拉女孩，四五年前她在这里上学。她告诉我这里的情况，我听了就很想来。我希望在马戏团工作，或者在有相关项目的演出公司工作，就是这样。”

如今的吴桥是世界闻名的杂技之乡，每年都有慕名而来的外国留学生。他们并不清楚吴桥的历史，也不知道大运河在哪里。然而冥冥之中，本是迫于无奈用来讨生活的技艺已经被一条运河牵引着走向了更加广阔的天地。

《马可波罗游记》曾是欧洲人了解中国的窗口

13 世纪末，一个意大利男孩跟随父亲的船队来到中国。他在中国游历了 17 年，回国后把自己的见闻整理成为一本游记。在之后的几百年间，一本《马可波罗游记》成了欧洲人了解中国的窗口。今天，它也依然是我们了解自己的通道。

《马可波罗游记》中写道："按照通常的估计，这座城市方圆约有 100 英里，它的街道和运河都十分宽阔。据说，该城中各种大小桥梁的数目达 12000 座。那些架在大运河上，用来连接各大街道的桥梁的桥拱都建得很高，建筑精巧，竖着桅杆的船可以在桥拱下顺利通过。"

浙江杭州

3 月的杭州经常是阴雨绵绵的天气，拱宸桥上依旧每天人来人往。明清年间，每当帝王南巡，这座高大的三孔石桥如同将手拱起的臣民，传达着对帝王的敬畏与欢迎。马可・波罗喜欢杭州，形容它是世界上最美丽华贵的天城。沿着运河由北向南，看到这座桥，就知道杭州到了。

拱宸桥下的这只水兽名叫趴蝮，是中国古代神话中龙的第 6 个儿子，因为水性好而被用以镇河祈福，求船只平安渡过。据说，从前的拱宸桥身也饰有趴蝮的雕塑，

杭州拱宸桥

但具体位置已不可考。现在的趴蝮之所以装饰在此，一个很重要的作用是用于防止过桥的货船发生偏移，撞坏拱宸桥。今天江浙一带的运河仍然保持着繁忙的通航状态，十几年的时间里，趴蝮被撞的事故经常发生，古老的拱宸桥依旧完好无损。

水兽趴蝮雕塑

《马可波罗游记》中写道：“本地的居民性情平和，由于从前的君主都不好战，风气所致，于是就养成他们恬静闲适的民风。”

喝杯咖啡，发发呆，今天的杭州人依然保持着马可波罗笔下那种恬静闲适的民风。然而，水上人家的生活并不总如想象中那般浪漫。

造船厂退休员工陈寿泉回忆说：“解放以前，我的爷爷奶奶他们的祖籍在江苏盐城，带着我的父亲，带着我母亲，还有几个小孩，全家七口人从老家到了浙江，在嘉兴一带，搞船上的生意。那个时候我们在船上是很辛苦的，以船为家，靠的就是一只小船做一些生意来维持全家人的生活。”

做了 40 多年船工的陈寿泉如今已经退休，以船为家的日子是他记忆里最珍贵的宝贝。

陈寿泉说：“1969 年的这个 5 月份，就在这个方向，我的父亲船就停在这里，在我父亲的船上我们办了一场运河婚礼。现在回想起来很难忘，现在我们每天都要到这里来玩玩看看，回顾一下自己曾经在那个时候结婚的地方。”

20 世纪 70 年代，杭州的运河水一度因为工业发展而受到污染。几十年的辛勤治理终于换来运河沿岸如此这般的美景，从这一刻起，杭州人有关运河的美好记忆再次得以延续。

2014 年 6 月 22 日，在卡塔尔举行的联合国教科文组织第 38 届世界遗产大会上，中国大运河申遗成功。这条纵贯八省的庞大水系正式列入《世界遗产名录》。

从中国大运河开凿的那一天起，至今已有 2000 多年的光影。京杭大运河究竟是什么？这依旧是个复杂的问题。由古至今，从南到北，人与运河间的互相依赖，到了今天仍然没有停止。

运河美景

央视大型人文纪录片 《大运河》

顾　　问：陈华生　朱炳仁　齐　欣　姜师立　邬向东

片头题字：丁　谦

制片主任：许　军　刘　璐

统　　筹：陈　慧　刘文利　周芷伊

制　　片：章胜琴　李馨馨　李红月　陈冠达　张　炼

外联制片：陈冠达　李彤宇　卢应明　郭瑞秋　郑　岚　苏　吉　来震伟　李廷玉　隋锴伦

作　　曲：王　铉

解　　说：苏　扬

摄影助理：李光辉　薛晓坤　张　华　孙振淇　翟明瑞　李爱民　王兆昭　徐　超　唐逸虹
杨梓濠　景　旭　赵祥超　周　炯　谢礼辰

后期制作：赵晨旭　赵　冰　宋兰云

音编制作：林　璐　江椪达　王子卫　解　男　张博伦

声音后期：曹益源　李牧野　马培风　李　当

动　　画：韩亚楠

责任编辑：王铭博

出版单位：中国水利水电出版社

鸣谢单位：

枣庄市委宣传部

绍兴市委宣传部

德州扒鸡博物馆

洛阳市文物局

洛阳运河博物馆

鹤壁市委宣传部

淮安市委宣传部

吴桥杂技学校

吴桥杂技大世界

湖州电视台

苏州市委宣传部

中国淮扬菜博物馆

馆陶县委宣传部

微山县委宣传部

桐乡市委宣传部

临清市委宣传部

窑湾古镇

杭州市拱墅区委宣传部

湖州市南浔区委宣传部

枣庄市台儿庄区人民政府

中国大运河联合申遗办公室

枣庄矿业（集团）有限责任公司

浙江古越龙山绍兴酒股份有限公司

枣庄市台儿庄古城旅游发展有限公司

大运河（宁波段）保护与申报世界文化遗产领导小组办公室

协助拍摄：

沧州市委宣传部

淮安市委宣传部

镇江市委宣传部

枣庄电视台

联合拍摄：

中央新闻纪录电影制片厂（集团）

中央电视台科教节目制作中心

中国联合国教科文组织全国委员会